模拟公司创业实训之评估书

——创业生涯设计与创新创业想法

宁波市人才培训中心 编著

北京理工大学出版社
BEIJING INSTITUTE OF TECHNOLOGY PRESS

内容提要

本书系统介绍了"产生你的企业想法"(GYB)、斯坦福大学的创新方法——设计思维、中国与以色列专家共同开发的虎刺帕360度创业能力AI测评系统,以及它们的结合应用,并创新性地将生涯设计融入了创业工作指导的过程中,通过直播电商转化创业成果。本书以任务为导向、以知识准备和实训操作相结合的方式进行编写,力求基础知识完备、操作技术简便,主要包含需掌握的知识、流程、方法和工具,通过理论+实训工作坊的形式,为具有创业愿望,但尚未有具体创业项目构思的潜在创业者提供创业生涯设计、识别商机的方法、评估创业素质能力和条件、激发创业意识、论证并获得切实可行的创业项目评估。本书通过贯穿全文的案例及案例分析题引导读者思考实际问题,提高了模拟公司在创业过程中解决问题的能力,理实结合、图文并茂,体现了做中学、学中做的教、学、做一体化教学理念和线上线下相结合的创业工具应用新模式。

本书可作为高校创业类基础教材,也可作为创业培训教材。

版权专有　侵权必究

图书在版编目（CIP）数据

模拟公司创业实训之评估书：创业生涯设计与创新创业想法 / 宁波市人才培训中心编著. -- 北京：北京理工大学出版社，2023.5

ISBN 978-7-5763-2353-5

Ⅰ.①模…　Ⅱ.①宁…　Ⅲ.①大学生－创业－研究　Ⅳ.①G647.38

中国国家版本馆CIP数据核字（2023）第082074号

出版发行 / 北京理工大学出版社有限责任公司

社　　址 / 北京市海淀区中关村南大街5号

邮　　编 / 100081

电　　话 / （010）68914775（总编室）

　　　　　（010）82562903（教材售后服务热线）

　　　　　（010）68944723（其他图书服务热线）

网　　址 / http://www.bitpress.com.cn

经　　销 / 全国各地新华书店

印　　刷 / 河北鑫彩博图印刷有限公司

开　　本 / 889毫米×1194毫米　1/16

印　　张 / 9

字　　数 / 272千字

版　　次 / 2023年5月第1版　2023年5月第1次印刷

定　　价 / 75.00元

责任编辑 / 武丽娟

文案编辑 / 孙　玥

责任校对 / 刘亚男

责任印制 / 王美丽

图书出现印装质量问题，请拨打售后服务热线，本社负责调换

宁波市高技能人才金蓝领培养工程系列教材编委会

主　　编：陈　烨　吴贵林
副主编：方　敏　王　冲　单联军

本教材编写委员会

主　　编：	廖海鹏	张婷芳	俞金波	张芝萍	胡坚达	董丽君	赵进军
	徐俊杰	叶任泽	陈清升	范正斌	魏　明	张国栋	单联军
副主编：	马成功	鲍洪晶	王洪影	方　瑛	麻黎黎	邱宝荣	俞　漪
成　员：	周　涛	郑焱之	俞燕君	邱佳宁	周　青	张义廉	胡　铭
	蔡小飞	姚小斌	钱方兵	易后余	楼巍华	阮东波	柳艾岭
	蒋　洵	马航军	郑　剑	张　硕	何美儒	许冬烨	王伟忠
	林德操	谢莹莹	沈　威	高玉宇	吴章健	巩　毅	戴秋花
	高宝岩	伍婵提	林　莹	沈　哲	裘益明	陈梦姣	赵京芳
	徐冰莹	王　廷	沈旭伟	王　鑫	刘善文	施仕君	余建挺
	仇　琳	沈佳文	沈　妍	陈　明	任一波	郑　芳	娄军委
	沈弥雷	楼晓东	庄朝霞	陈　聂	李明芳	陈　莉	周　方
	刘建长	范建波	裘晓雯	茅淑桢	苏维微	王蝶红	楼剑锋
	汪继耀	毛立良	何　雄	竺丹军	王玮蔚	白锦表	韩　竹
	张定华	胡晓霞	周　亚	张　臻	赵莺燕	许彦伟	钱　忆
	竺　帅	方黛春	励建国	叶海玲	林　巧	余泽锋	史勤波
	谢　蓉	戎　丹	张作为	陈　烽	王　丽	詹　斌	刘效壮
	阮美飞	金　艳	蒋　红	陈建飞	陈　雷	张全民	朱寺宏
	史丽芳	来恩浩	李承安	王荷琴	周　磊	忻志伟	刘　悦
	许伟为	张　蕾	邹胜峰				

序言一
Foreword

  创新创业是国民经济的重要引擎，加强创新创业教育，是推进高等教育综合改革、提高人才培养质量的重要举措。

  2016年5月国务院办公厅印发《关于建设大众创业万众创新示范基地的实施意见》，系统部署双创示范基地建设工作。推动大众创业、万众创新，既可以扩大就业、增加居民收入，又有利于促进社会纵向流动和公平正义，同时要让人们在创造财富的过程中，更好地实现精神追求和自身价值。

  宁波市人才培训中心组织编写的本书基于"产生你的企业想法"（GYB）、斯坦福大学的创新方法——设计思维，以及中国与以色列专家共同开发的虎刺帕360度创业能力AI测评系统，创新性地将生涯设计融入创业指导，通过线上教学与线下实训工作坊的形式，通过理论+实践，从流程、方法、工具、案例四个角度，为具有创业愿望，但尚未有具体创业项目构思的潜在创业者提供识别商机，评估创业素质、能力和条件，激发创业意识，论证并获得切实可行的创业项目的培训。

  本书主要讲述GYB创业实训。GYB是"generate your business idea"的缩写，意为"产生你的企业想法"。创业从来都是风险与机遇并存的事，你是否适合经营企业？是否能在众多的想法中挑出最具吸引力、对环境的负面影响最小、最适合你个人情况的那一个？这都是不能回避的问题。

  本书以创新创业信念、理念为出发点，以五大任务为主线，包括创业生涯设计、如何产生创新创业的想法、如何验证和筛选创新创业想法、如何提前做好风险管理、如何具备企业家（创业者）精神。在完成任务的过程中，以国内外具有典型代表性的创新创业案例引发读者思考，将理论知识与实践操作有机地结合起来，实现创新创业知识的吸收、运用和创新创业能力的提升。

  本书讨论了创新创业中常见的限制性信念。认为创业非全靠运气和天分，更多的是规划出来的，而好奇、洞见、协作、坚毅有助于洞察风口、找到好的创业方向、挖掘并抓住商机。

  本书对创新创业需面对的五大任务着墨最多。一是创业生涯设计任务。重点回答自己是否喜欢创业、是否适合创业。如适合创业，如何找到至少一个自己有信心的、喜欢的创业方向，并有较为清晰的创业目标和路径。二是如何产生创新创业想法任务。从哪里获得创意、产生并筛选出创新创业的方法与工具、使用问题式学习法工具的注意点是任务重点。三是如何验证和筛选创新创业想法任务。学习用户洞察环节、用户使用场景的思考，通过融入对客户的理解，描述具体、独特的途径，加深对商业模式及其必要调整措施的理解等内容为任务关键。四是如何提前做好风险管理任务。任务重点是学习识别在创业生命周期不同阶段可能存在的风险，并讨论风险降低或规避的可行性措施。五是如何具备企业家（创业者）精神。通过了解企业供应链流程图，学会查找问题和改进机会，为企业内部创业打基础。

  本书由宁波市人才培训中心组织编写，其中导论、任务一、任务二、任务三、任务四、任务五、结束语以及附录教学课表、创业评估书填写示例部分和宁波创业者案例由廖海鹏负责编写，直播电商创业成果转化由宁波亮剑互娱影视文化有限公司提供技术支持。全书最后由宁波市人才培训中心统筹定稿。

在本书编写的过程中，我们参阅和借鉴了大量相关文献资料，在此对作者表示真诚的感谢。实践操作的设计灵感来自编者在各行业中实践经验的整理归纳。本书的编写也得到了来自宁波市创新创业相关领域领导的关心，在此一并感谢！

尽管编者为本书的编写工作做出了一定的努力，但由于编写时间仓促，书中难免存在不足之处，敬请广大读者批评指正。

宁波大学阳明学院党委书记　俞金波

序言二
—— Foreword

创新是人类社会进步的动力，创业是推动经济社会发展、改善民生的重要途径。当下，是创新创业的新时代，激活大众创业、万众创新是全面建成小康社会的推动力。过去10年的互联网经济浪潮里，不少勇敢的年轻创业者投身其中，涌现出了一批时代标杆人物，创造出许多绚丽的财富传奇，谱写出创新创业的华丽篇章，这是真真切切的"中国梦"。梦想属于每一个人，且更多地属于青年人。

大学是知识人才的聚集地，大学生是支撑未来社会进步发展的高素质生力军，也是精力最充沛、思想最活跃、最富创新精神的青年群体，他们是引领社会创新创业文化的重要载体和不竭动力。积极鼓励和支持青年创业成才，有利于激发全社会创新潜能，为经济增长注入源源不断的动力，是富民之道、强国之计。

如何创新？如何选择？如何创业？如何规避风险？这些都是摆在年轻大学生面前的问题，也是大学生走上创新创业成功之路的绊脚石。创新创业是一个复杂的理论体系，更是一个实践操作规程体系。本书就是一本为创新创业者提供创业成功指引的工具书，是助力创新创业成功的宝典。

本书以"产生你的企业想法"（GYB）为主线，通过理论知识和实操任务，帮助做好创业者的生涯设计，确定创业者是否具备创新创业的素质和能力，产生创业想法及创业机会，同时验证其可行性和可操作性，更好地实现创业梦想。全书采用模块化结构，详细介绍了各个任务模块所涉及的流程、方法和工具，包括对案例的解读和分析，具有较强的实用性和可操作性。

基于VUCA时代对创新创业的现实需求，书中引入"设计思维"这一创新性方法论。设计思维是"以人为本"地去寻找问题、探寻问题根源，以及找到解决问题的一种思维方式、流程、工具与方法论。把设计思维这种创造型解决问题的方法应用于创新创业中，有助于帮助大学生培养积极开放的心态，转变思维，重新定义问题，进而形成基于设计思维的创新性能力，使大学生在设计思维中探索最佳的解决问题方案，提升其创新创业能力。

本书编写团队有丰富的创新创业实践经验和理论积淀，其中有创新创业领域研究专家、创新创业导师、企业创新实践者、硕博士研究生等。他们通过深入浅出的创新理论、创新创业实践的全过程，以方法论的形式为即将开展创业的年轻人们提供创新创业的技术、方法和工具，帮助他们更好地实现创业梦想。

本书可以作为高校创新创业通识必修课教材，也可供大学生创业者、社会创业工作者参考，还可作为政府和学校开展创新创业培训的指导手册。

浙江工商职业技术学院学生处副处长　赵进军

序言三
Foreword

当前，随着我国经济社会的不断发展，创新创业已然成为社会生活中的一种主流现象。从国家到地方，各级政府都在出台支持政策，搭建创新创业平台，营造良好的创业创新氛围，鼓励广大青年、知识分子、科研工作者等投身到创新创业的浪潮中，运用自己所学的专业知识、掌握的产品技能、敏锐的市场嗅觉和良好的资源整合能力，通过创新创业实现产品、技术、服务、市场等要素的再次变革和飞跃，从而激发全社会创新潜能和内生动力，为经济增长注入源源不断的动力。

创新创业不仅需要每个参与者的激情和热情，而且更加需要科学的谋划和发展。纵观以往的创业者，成功的很多，失败的更多，从他们过往的创业经历中，可以总结出很多经验和教训，为后来人提供更加科学的决策和分析。本书就是围绕创业的全过程，科学性地分析了创业者是否适合创业和如何创业的问题，给予创业者理论性和实践性的指导，对于广大有创业想法的人们有很好的指导性。

本书系统介绍了"产生你的企业想法"（GYB）、斯坦福大学的创新方法——设计思维，以及中国与以色列专家共同开发的虎刺帕360度创业能力AI测评系统，并创新性地将创业过程中涉及的实操知识及需要掌握的实训能力与创业者自身发展进行紧密结合。本书以基础知识和实操流程的方式进行编写，主要内容包含流程、方法、工具和案例四个角度，按照以工作任务为导向、以实训能力为核心、以实用操作技能为主要培训内容的原则，力求基础知识完备、突出实际工作能力培养。通过理论+实训工作坊的形式，为具有创业愿望，但尚未有具体创业项目构思的潜在创业者提供识别商机、评估创业素质、能力和条件、激发创业意识、论证并获得切实可行的创业项目的评估。通过贯穿全文的案例及案例分析题引导读者思考实际问题，提高了模拟公司创业过程中解决问题的能力，理实结合、图文并茂，体现了做中学、学中做的教、学、做一体化教学理念和线上线下相结合的创业工具应用新模式。

本书可作为高校创业类基础教材，也可作为创业培训教材。希望能够帮助更多的创业者少走弯路，成功创业，实现自我价值，为全社会的创新发展贡献自己的力量。

宁波城市职业技术学院商学院副院长教授　麻黎黎

目录

导论　创业认知 / 001

第一部分　创新创业常见的限制性信念 / 003
　　一、创业九死一生 / 003
　　二、创业成功主要靠运气 / 004
　　三、创业者是天生的 / 005
　　四、创业生涯是规划出来的 / 005

第二部分　创业及创业生涯设计的四大理念 / 008
　　一、好奇 / 008
　　二、洞见 / 009
　　三、协作 / 010
　　四、坚毅 / 011

任务一　创业生涯设计 / 013

第一部分　知识准备 / 014
　　一、选择创业生涯 / 014
　　二、设计创业生涯 / 020
　　三、成就创业生涯 / 023

第二部分　实训操作 / 030
　　一、实训主题 / 030
　　二、实训目标 / 030
　　三、实训准备 / 030
　　四、实训内容 / 030
　　五、实训流程和要求 / 030
　　六、实训平台操作 / 031
　　七、实训总结评价 / 032

任务二　如何产生创新创业的想法 / 033

第一部分　知识准备 / 034
　　一、从哪里获得创意 / 034
　　二、产生并筛选出想法的方法与工具 / 036

第二部分　实训操作 / 041
　　一、实训主题 / 041
　　二、实训目标 / 041
　　三、实训准备 / 041
　　四、实训内容 / 041
　　五、实训流程和要求 / 041
　　六、实训平台操作 / 042
　　七、实训总结评价 / 042

任务三　如何验证和筛选创新创业想法 / 043

第一部分　知识准备 / 044
　　一、验证想法 / 044
　　二、验证与筛选的方法 / 047
　　三、确定问题，识别机会 / 049

第二部分　实训操作 / 053
　　一、实训主题 / 053
　　二、实训目标 / 053
　　三、实训准备 / 053
　　四、实训内容 / 053
　　五、实训流程和要求 / 053
　　六、实训平台操作 / 054
　　七、实训总结评价 / 054

模拟公司创业实训之评估书——创业生涯设计与创新创业想法

任务四　如何提前做好风险管理 / 055

第一部分　知识准备 / 056
一、风险管理的概念 / 056
二、创业中常见的六类风险 / 056
三、常见风险的应对 / 056
四、风险管理的总结 / 058
五、管理风险的一般做法 / 058
六、不断评估风险 / 058

第二部分　实训操作 / 059
一、实训主题 / 059
二、实训目标 / 059
三、实训准备 / 059
四、实训内容 / 059
五、实训流程和要求 / 059
六、实训总结评价 / 060

任务五　如何具备企业家（创业者）精神 / 061

第一部分　知识准备 / 062
一、企业家（创业者）面临的能力挑战 / 062
二、企业家（创业者）应具备的特点和技能 / 062
三、如何学习企业家精神 / 063
四、如果你不是自己创业，如何为企业内部创业 / 063

第二部分　实训操作 / 066
一、实训主题 / 066
二、实训目标 / 066
三、实训准备 / 066
四、实训内容 / 066
五、实训流程和要求 / 066
六、实训总结评价 / 067

结束语 / 068

附录 / 069

附录1　教学课表 / 070
附录2　模拟公司实训操作手册 / 071
附录3　模拟公司创业实训之评估书填写示例 / 074
附录4　宁波创业者案例 / 077
附录5　直播创业成果转化 / 084
附录6　创业政策文件及要点摘录 / 124
附录7　大学生职称评定政策文件及要点摘录 / 128
附录8　中华人民共和国职业分类大典 / 129

参考文献 / 132

特别鸣谢 / 133

创业认知 导 论

创新创业逐渐成为在校和毕业大学生的重要职业选择，然而，"创业九死一生"这一创业成功率误区、"资金、资源和人脉是创业先决条件"等限制性信念一定程度上束缚或者阻碍了大学生的创新创业。

如何正确看待创业成功率？创业人生的现实写照是什么样子的？创业者是否真的喜欢创新创业？没有资金、没有资源、没有人脉能不能创业？如何产生好的创新创业想法？多条创业方向如何选择？如何低成本试错，低成本、低风险、快速地找到适合自己的创新创业模式？如何规避创业风险？这些问题直接影响大学生是否能走上创业之路、是否能找到契合的创业项目、是否会错失创业良机、是否能走上成功创业之路。

本书基于"产生你的企业想法"（GYB）、斯坦福大学的创新方法——设计思维，以及中国与以色列专家共同开发的虎刺帕360度创业能力AI测评系统，帮助大学生们回答上述问题，找到创新创业的想法、做出对的职业选择，从而踏上成功创业之路，成就无限可能的精彩创业生涯。

本书将通过线上教学与线下实训工作坊的紧密结合，做好创业者的生涯设计，并带领学生学习产生创新创业想法的流程、方法、工具、案例，讨论及学习创业者精神的各个方面，并且能够进行自我实践，以确定创新的企业想法及创业机会，同时验证创新企业想法的可行性与可操作性，更好地帮助大学生实现创业梦想。

通过本书的学习，可以达到以下目的：

（1）帮助大学生们提升创业笃定感、掌控感、踏实感和成功率。

（2）面对创新创业，既不盲目乐观、冲动创业，也不畏手畏脚、错失良机。

（3）察觉内心深层次的渴望和期待，清楚自己是否喜欢创业，创业人生是不是自己想要的，而不是拍脑袋选择创业。

（4）找到适合自己的多种创新创业的想法和可能，拥有更多选择，而不是孤注一掷。

（5）低成本、低风险试错，快速选对创新创业模式，走上创业成功之路，而不是拍脑袋决策、拍大腿后悔。

本课程适用于考虑创业、即将创业、正在创业的在校大学生或毕业的大学生。

第一部分　创新创业常见的限制性信念

一、创业九死一生

在这个时代，很多大学生都心怀创业梦想，然而谈到创业时却既兴奋又忐忑。兴奋的是"创业可以自己做老板，开创自己的事业，掌控自己的工作；创业可以放手一搏，早日实现财务自由"。忐忑的是"一旦开始创业，可能就失去了稳定的收入来源，要独自面对难以预测的市场风险"。尤其很多人说"创业之路，九死一生"。

谈到创业成功率，只从注册公司的统计数据看，创业成功率可能真的只有10%，甚至更低。有统计数据显示，80%的创业公司生存时间不超过3年，生存时间达到5年的不足7%，存活超过10年的公司不到2%。总之，这个世界无时无刻不在提醒着我们，创业的成功率很低。创业这么"难"，很多大学生还没开始就被劝退了。

但是，"'95后'大学生，边学习边创业，4年净赚200万元""在校大学生用1个月生活费创业，还没毕业就年入百万"等创业新闻也不断登上热搜。一位18岁的大学生，在大一下学期成立了一家外贸电商公司，面对海外采购商，做跨境直播（图0-1），这个创业新手半年收入了500万元。有时，她的一场直播有1万多人在线观看，现场就能有300个意向咨询。现在，她每月能有5 000多条询盘。还有很多客户，问都不问，直接静默下单。

图0-1　创业新手的直播

面对创业的巨大回报及成就感，很多大学生创新创业的热情不断攀升。

我们如何客观看待创业成功率？选择创新创业时是否要考虑创业成功率？相对于创业成功率这个数据，我们更应该关注的是为什么创业成功率这么低、创业失败的原因有哪些？创业成功的最核心因素和成功路径是什么？剩下的就是复制粘贴而已。我们要努力的是如何让自己成为创业成功率高达90%的创业者。并且，大学生的创业失败付出的成本很低，回报的上限却很高。

马克·艾略特·扎克伯格（Mark Elliot Zuckerberg）在大学时期创立脸书（Facebook）的初衷只是给美女的颜值打分，但最后脸书的发展远远超过了马克·扎克伯格的预期，生活有时候就是这样充满惊喜。如果当初马克·扎克伯格没有选择将想法付诸实践，这个世界的年轻人也将少了很多乐趣。试想，假如当初他创业失败，会发生什么？软件闲置，心情沮丧！他仍旧是哈佛大学的学生，最终仍旧会获得学位毕业，再找一份软件类的工作。

同样，中国的大学生，如果在大学阶段创业失败，不仅可以在学校里继续学业，还可以将创业过程中付出的时间和获得的成果折算成相应学分。你的创业经历将是你最好的毕业论文。如果创业成功，你就是下一个企业家。

二、创业成功主要靠运气

马化腾说,他创业初期,70%是靠运气。雷军说,企业的成功,85%来自运气。YouTube的创始人陈士骏说,成功要90%的运气,加10%的努力。这些创业成功者都把成功归结为运气。

我们不能否认"运气"对于创业成败的影响,有的人年复一年地兢兢业业,事业就是发展不起来。有人随便做一个生意,没想到就突然变成了"风口上的猪"。有人创业本是无奈之举,因为工作不好找,结果一不小心,他的项目赶上了平台大爆发,他的公司也随着水涨船高,赚得盆满钵满。现在的他早已超越了过去的愿望,再谈起公司,动辄是"几个小目标",给自己配了俩助理,仍然是忙得脚不沾地。

为什么很多人把成功归结于运气?以决策为例,创业者在做决策时,大部分都是在做不完全信息的决策,也就是说创业者没有十足的把握,因为总有一些信息是创业者不可能完全掌握的,如市场变化、消费者喜好等。而且在现实中,创业并不是只需要一次决策就成功,而是需要重复决策,每走一步都面临决策。选择项目需要决策,选择合伙人需要决策,选择模式需要决策……因为创业者大部分时候做的决策都是不完全信息的决策,都有可能选择错误,再加上做一件事情需要做很多决策,不可能每次都走运,所以人们常说人生就是一连串的选择,选择决定人生,选择比努力重要,一步错、步步错。也正因为这样,很多人把创业成功归结为主要靠运气。

创业成功真的主要靠运气吗?事实上,所谓的运气固然重要,但努力和方法可以让创业者发现机遇、抓住机遇,让自己更幸运。

还以决策为例,决策固然是做不完全信息的决策,然而有方法可以帮助创业者低成本创新和决策,以最低的风险、最低的投入、最短的时间快速探索,快速找到成功模式、规避风险。这种方法就是本书后文中介绍的原型。创业并不是有了想法后就投入全部资源、全力以赴,而是先探索原型,小步快跑,快速迭代,测试后再全力以赴。

努力真的不重要吗?对于努力这件事,雷军是一个很经典的例子,他在金山的时候就以"劳模"闻名江湖,论努力的程度,可谓少有人及。但从结果来看,不管是阿里巴巴还是腾讯,都超过了金山不知多少。要知道,雷军可是马云、马化腾的江湖前辈。在金山上市之后,雷军"功成身退",其原因未必没有对这种落差的沮丧。正是因为这种沮丧或不服气、不甘心,雷军才下了很大的功夫去思考,自己到底做错了什么,为什么是这样的结果,之前的自己有什么破绽?所以在创办小米的时候,雷军用"顺势而为"超越了过去的自己,他依然努力奋斗。可以说,是努力帮助雷军掌握了创业的底层逻辑、关键成功因素,以及风险和阻碍,是坚毅帮助雷军穿越痛苦,把失败或者不够成功变为前进的动力,不断迭代,最终"拥有好运"。

因此,准确地说,运气也是实力的一种,而努力和方法可以帮助创业者提升实力、抓住机遇、变得更幸运,坚毅可以帮助创业者超越痛苦,赢得最后的成功。如果你没有实力,那就算你做了"风口上的猪",也早晚摔下来。就像网上的流行语所说,凭运气赚到的钱,早晚会凭实力还回去。成功的运气不过是实力的水到渠成。

成功一定是因为做对了什么,有其规律。掌握了这些规律,可以大幅度提升创业成功率。

创业思政小课堂

创业不能仅靠运气,更要善于抓住商机,在抓住商机时敢于迅速加入,从而抓住第一次机会。对于创业的人来说,需要有敏锐的洞察力,善捕商机,敢作敢为,这一点我国十大商帮之一的陕西"秦商"就是鲜明的例证。陕西的秦商特别善于抓住机会,一旦发现了商机立即行动,敢作敢为,他们通常能够创造先机,在商机还未完全浮现时,他们就已经开始行动了,先人一步。

视频:陕西商帮

三、创业者是天生的

很多成功的创业者有不少共性，比如他们身上都有不服输的性格，充满了冒险精神，对自己感兴趣的事情非常专注和执着，马斯克、比尔·盖茨和乔布斯在孩提时就表现出了创业的特征，这些情况似乎说明创业者是天生的。

那么创业者是天生的吗？创业者需要具备的有些特质的确与天赋潜能有关，然而创业者有多种不同类型，创业者的成功之路更是"条条大路通罗马"，经过培养和实战锻炼、通过团队组合发挥团队优势，非天赋型创业者也能创业成功。

创业者的角色，一般被分成两类，也就是技术创业者和商业创业者。

技术创业者，通常称为CTO，即首席技术官，专注于基于技术的新发明。技术型创业者承担新创建的公司的所有技术方面的开发和职责，创建新产品或服务，负责发明技术、进行测试并与其他产品或其他公司集成。众所周知，很多时候，技术需要与其他公司的其他产品组装配合，所以这也是创业者的职责，商业创业者也是如此。

商业创业者，通常被称为CEO，即首席执行官，专注于新成立公司的业务方面，领导解决所有业务方面的工作，以获得和确保所需的财务投资、经营业务、生产新产品、提供新服务，将这些产品和服务推向市场，提供给有关用户或客户，产生收入并确保其财务管理，以便获得收入及利润。

通常情况下，在很多新的公司里，技术创业者和商业创业者一起组成团队，协同工作，他们互相弥补对方的技能和能力。有时为了把工作做好，需要创业者完全专注于其中，如果想要两者兼顾，难度很大。也许在世界上只有几个人能做到这一点，对于大学生创业者来说，需要思考如何将技术和业务结合在一起。小米有7位联合创始人，腾讯有5位联合创始人，他们之中没有一个人是全能的，但是总可以通过其他人进行联合，互相学习及合作，互相成就，创业成功。

> **创业思政小课堂**
>
> 创业者的成功是奋斗出来的。当前，中国踏上了实现第二个百年奋斗目标的新征程，放眼世界，面临着百年变局和世纪疫情交织叠加的复杂局面，这就要求新时代青年必须心怀理想、担当奋斗、埋头苦干、赓续向前。

拓展阅读：奋斗精神

四、创业生涯是规划出来的

2021年7月出台的"双减"政策让新东方一夕之间股票跌幅高达90.28%，从高速扩张到大量裁员，积极谋求转型。掌门教育某员工感慨，"昨天还在催着工作，今天说散就散了"。"双减"大幕拉开，大机构加速裁员，腰部机构垂死挣扎，小机构关停，而这些公司年初制定的经营战略还是扩展战略。

随着社会环境和政策的变化，教育、金融、房地产、医疗、服务等众多行业受到冲击和影响，然而也有很多公司催生了新型业务。例如，以生产了家喻户晓的五菱之光而闻名的汽车企业上汽通用五菱，就开辟了之前无人设想过的新业务方向——生产口罩。2020年2月6日，五菱宣布联合供应商生口罩，2月9日，五菱的第一批一共20万只民用口罩就下线了，一共只用了3天时间（图0-2、图0-3）。

7天之后，五菱的第一台口罩机出现在了人们的面前。人民需要什么，五菱就造什么。除了口罩，五菱还生产智能移动测温车，2米的范围内，就能大面积地检测移动人群的温度，堪称神器。

比亚迪的动作，仅仅比五菱晚了2天。2020年2月8日，比亚迪正式宣布开始生产口罩，但是速度却丝毫不慢。他们用3天的时间就出具了400多张生产设备图纸，然后又在7天内完成了口罩生产设备的研发和制造，再一次演绎了什么叫作中国速度！

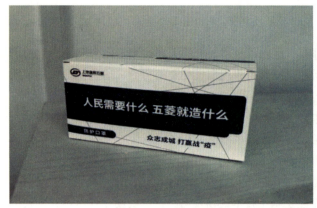

图 0-2 五菱口罩

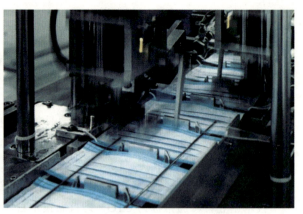

图 0-3 五菱汽车的口罩生产线

如今，比亚迪拥有 300 条成熟的口罩生产线，最高产能可达每天 2 000 万只。

比亚迪的口罩还向国外出口（图 0-4）。4 月 11 日，比亚迪和日本软银达成协议，每月向日本提供 3 亿只口罩。除了日本，比亚迪的口罩也出口到了美国。

这就是乌卡（VUCA）时代，充满了波动性（volatility）、不确定性（uncertainty）、复杂性（complexity）、模糊性（ambiguity）。未来唯一不变的东西或许就是变化本身。

VUCA 这个术语源于军事用语。20 世纪 90 年代的美国军方，针对在冷战结束后出现的多边世界特征，尤其是面对恐怖组织的行动，比以往任何时候都更复杂和不确定，提出了 VUCA 这个术语。在商界，由宝洁公司的首席运营官罗伯特·麦克唐纳（Robert McDonald）率先借用这个军事术语来描述商业世界的格局："这是一个 VUCA（乌卡）的世界。"

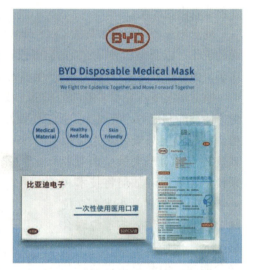

图 0-4 比亚迪出口国外的医用口罩

如今，乌卡（VUCA）成为一个高频词汇，"变动"与"不确定性"成为这个时代的标志，在很多领域，甚至无法理论推演、无法逻辑分析、没有数据证明，甚至无法经验总结，而是一切处于实时的未知中。戴尔未来研究院做了一项研究：学生们未来要从事的工作，今天还不存在；学生们未来要使用的技术，还没有被发明出来；学生们未来要解决的问题，还不知道是怎样的问题。

VUCA 时代之前的世界有三个典型的特征，即系统性、精确性、聚敛性。

（1）系统性：从前提假设，到原理提出、框架设定、结构分析、路径建构、可能性预测、结果输出，一切都似乎能找到理论范式，都可以此展开情境推演，各个领域的许多"问题"都能迎刃而解。

（2）精确性：从量化开始，到精细化分析、精确计算、精准定位、精确制导、算法掌控等，人类似乎掌握了"规律"的走向，"事物"俨然在把控之内，不断精细化地推进，"问题"似乎已经无处可逃。

（3）聚敛性：随着市场的纵深发展，资源越来越集中，信息网络越来越密布，话语权也越来越统一，一切都似乎在有条不紊地自上而下地展开，似乎世界已经处于一种完美状态，而各种"问题"被假装的繁荣所伪饰，被金钱的诱惑所忽略和遗忘。

VUCA 时代之前的世界，创业生涯可以规划；而在 VUCA 时代，为了更好地拥抱变化和不确定性，需要用设计思维设计自己的创业生涯。

设计思维和传统的规划思维有什么不同？传统的规划思路是专注初心，找到最适合自己的选择，做出决定并且把事情做成，而设计思维认为：

(1)不是找到最适合自己的创业方向,而是拥有很多个选择。

(2)不要做出决定,坚定推进,而是边走边看,低成本试错。

也就是说,设计思维的思路是找到尽可能多的选择,选择一个进行快速尝试,直到成功。

创业思政小课堂

创业者在创业过程中需关注创业环境和政策,特别是青年创业更要高度关注。党的二十大报告对青年和青年工作专门有段重要阐述,这段论述文字精练,内涵丰富,寓意深刻。论述实际上涵盖了青年与时代的关系、青年工作的地位、青年思想引领的主要任务和内容、青年工作的方法论、对新时代青年的殷切期盼等重大问题。

视频:解读二十大对青年的要求

拓展阅读:二十大对青年的要求

模拟公司创业实训之评估书——创业生涯设计与创新创业想法

第二部分　创业及创业生涯设计的四大理念

不论你的创业方向是什么，四大理念都有助于你洞察风口、找到好的创业方向、挖掘并抓住商机。这四大理念分别是好奇、洞见、协作、坚毅。

一、好奇

李开复博士说："生产力和兴趣直接相关，面对不感兴趣的事情，我们可能会花掉40%的时间产生20%的效果，但遇到我们感兴趣的事情，我们可能会花费100%的时间，得到200%的效果。只有遇到你感兴趣又擅长的事情，才能调动你的主动性。"即创业就要去做你感兴趣又有意义的事情，因为从兴趣出发，更有动力克服困难；因为从意义出发，更有可能做得长远。

这句话很有道理，然而并不完全对。斯坦福大学青少年中心曾经做过一个调研：你最热爱什么。调研结果是80%的人都无法很好地回答这个问题。即80%的人都不知道自己最喜欢什么。并且，兴趣是终点，是探索后得出的结论，而非起点。就像去餐厅点菜，品尝之后才知道自己最喜欢吃什么。

既然兴趣不是创新创业的起点，什么是创新创业的起点呢？答案是好奇心。乔布斯说，他跟着他的直觉和好奇心走，此后被证明是无价之宝。万达集团创新加速器董事总经理阎硕曾表示，好奇心是大学生最大的财富，也是最具有价值的财富，平时不要让身边的问题轻易溜走，要保持好奇心，不一定为了创业而创业，而要解决问题，说不定解决这个问题所创造出来的东西就会成为未来的独角兽。

什么是好奇心？《突破创新窘境》的作者李欣宇认为，孩子般的初心，就是创新者的好奇心。体现在渴望获得新体验、新知识，以及别人的反馈，以开放心态学习和改进。爱因斯坦说过，他没有特别的才能，只有强烈的好奇心。永远保持好奇心的人是永远进步的人。在创业路上，最后的胜出者往往也是保持好奇心的人。

我国香港曾经有一个非常著名的健康用品叫作虎标万金油软膏，去香港的人很多都要采购这个药品。它最开始的目标用户就是老年人，因为它主要用于胸口不适，舒缓头晕的症状，所以过去的宣传工作一直都是围绕着老年人展开。可是有一天公司负责人发现，有一张来自美国的订货单数目相当大，所以他就打电话去问是什么样的客户，为什么订购大量的软膏？结果发现这是一个美国的篮球队要买的，因为这个药其实对舒缓运动员的肌肉十分有效。结果原本是给老人家用来舒缓头痛头晕的软膏，变成了一个运动员必备的药品。因此这个药品公司就对整个包装设计进行了大幅的改变，宣传的侧重点也由老人保健改为运动护理，结果销量大幅增加。这就是通过好奇心发现新的市场，从而指导创业的下一步行动。

好奇心能够帮助创业者挖掘事物的新鲜感，激发创业者探索的欲望，从而敏锐地捕捉到外部环境的变化、业务方向和机会。当对不同行业和业务都抱着足够的好奇心，你就会真正想去了解和学习它们。通过不断吸收跨行业知识，无形中就为自己打开许多新的机会窗口。当你拥有了这种心态，就不会把职业发展目标定为"找到月薪××的××工作岗位"，而会去想"我应该怎么找到最适合我的工作机会"。你不会再纠结是否接受一份（你还未完全了解的）工作，而会带着好奇心探索每个行业和公司，看看做着不同行业的人过着什么样的生活，有着什么样的工作观。

你可以采访在某个领域有真正经历或者专业特长的人。这些人必须满足一个条件：他们的工作和生活是你感兴趣的或者是你未来希望达到的。通过认真倾听他们的人生经历，你会得到许多有用的信息。做这种"职业采访"的要点在于对他人充满好奇心，有平等沟通的心态，以及具备一定的勇气和想象力。

拥有好奇心的一个方法是问"为什么"。美国的陆军上将斯坦利·麦克里斯特尔（Stanley McChrystal）说："刚到巴格达时，我们的问题是'敌人在哪里'，过了一段时间变成'敌人是谁'，并自以为很聪明，后来过了很久才问'为什么他们是敌人'。"

这个问题的转变过程，也是从"什么"到"为什么"的过程。

比如面对一个网上影响极坏的热门事件，更多的人关注的是发生了什么？事态的发展如何？坏人有没有受到该有的惩罚？这是一般人的关注点，但不是有好奇心的体现。有好奇心的人，会分析这种现象背后的原因，提出灵魂拷问，而这些人也更能窥探现象背后的本质。

> **创业思政小课堂**
>
> 创业很重要的事情是判断未来趋势，要通过把握国家政策、行业走向、用户需求，从大趋势中寻找市场机会。从实践看，不少取得突出成就的创业者都是凭借执着的好奇心、事业心，探索成就一番事业。这一点我国十大商帮之一的宁波"浙商"就是鲜明的例证。以宁波为代表的浙商则敢于冒险，非常有创新精神，有手段，有魄力，敢想敢做，敢打敢拼。

视频：宁波商帮

二、洞见

洞见是指透彻地看到不易觉察的事物。当你说出了大家心里能想到的，但又没能说出来的想法，就是一种洞见。你说出了客户心中未被满足的需求，这就是洞见。你说出了你的团队成员心里没说出来的心声，这就是洞见。你观察到了团队成员某些人的细微感受，这就是洞见。你预判到未来的发展趋势，这就是洞见。

就像《教父》中所言："用一秒钟看到本质的人，和半辈子也看不清一件事的人，注定是不一样的命运。"

提升洞见力离不开平时对事物更多的思考和对他人的观察，如果你是个销售，那就是对客户的观察，观察他人需要从小细节入手，"见微知著"，思考差异和不同。

提升洞见力离不开自我觉察，揣摩自己，体察内心，才能有同理心地理解他人。

只有洞见他人内心的需求，你才能赢得客户，有时候客户也不知道或者说表达不出来他们想要的是什么；和他人沟通，尤其是在工作中你需要说服他人，而他人却又很少将真实的想法说出，这就需要你有洞见能力，有这样的洞见力，知道他人的真实想法，在意的是什么，你才能有针对性地去说服他人。

只有有效地洞见，你才能进一步影响他人，说服他人。

三、协作

人在创业的路途上很难一个人就走完这条路，尽管这条路已经是设计好的路。套用以前关于创业的一句话来说：一个人可以走得很快，一群人却能走得更远。

个人创业最大的优势就是自由度和灵活性，也就是人们常说的"船小好调头"，往往由于个人的灵活机动性，在创业前期能够快速启动。但是个人创业过多依赖个人能力，如果一个人的能力非常强，可能会将生意做大到一定程度，但是想要再扩大，往往会力不从心，因为一个人的精力是有限的；如果这个人能力一般，创业失败的可能性就会成倍增加。而团队创业可能会走得更稳、更远。自古以来，成就一项事业，都不是一个人可以完成的。即使是古代雄才大略的帝王，最终成就帝业，身边都少不了一个全面的团队。汉高祖刘邦身边文有张良、萧何，武有韩信、樊哙；唐太宗李世民身边文有房玄龄、杜如晦，武有秦琼、尉迟敬德。所以说，欲成大事，必须抱团打天下。

团队创业到底有哪三大优势呢？

一是团队成员之间的互补，让团队发生错误的概率更小，创业方案更完善。俗话说：三个臭皮匠，赛过诸葛亮。在团队中，每个人发表自己的看法，或指出创业方案中的漏洞，或提出不同的思路。集思广益的情况下，创业方案会越来越完善，可能存在的错误会越来越少。

二是团队分工协作，产生 1+1>2 的作用。世界上没有完人，创业团队中，每个人都有自己的特长，有人擅长财务，有人擅长营销，有人擅长产品。当每一个人在自己岗位上发挥作用，并与其他人团结协作，积极互动的时候，整个团队就会呈现出蓬勃向上的快速发展状态，这种状态只有一个好的团队才能造就，个人创业永远不会具备这个优势。

三是团队创业，风险共担。创业有一定的风险，无数的人在创业中前赴后继，也有无数的人失败跌入尘埃。如果是团队创业，风险共担，即便是大学生创业风险成本较低，相比于一个人创业，团队中的每个人承担的损失将会小很多。即使失败，也能够比较快地休养生息，甚至东山再起。

所以说，团队具备的优势互补，分工协作，风险共担，可以让创业的团队走得更稳健，也更容易做大做强。

举个例子，戴尔公司是为数不多的能够站在全球 IT 浪尖上的企业。在计算机市场最不景气的时期里，在其他竞争对手纷纷折戟沉沙、大吐苦水时，戴尔的市场份额却从 12% 攀升到了 15%。其中一个很重要的原因就是迈克尔·戴尔（Michael Dell）懂得"合伙的智慧"。

戴尔公司创立于 1984 年，以 1 000 美元起家，创业初期缺乏资金、缺乏资信、缺乏资源，可以说非常艰难。这时候对迈克尔来说，要活下去就必须凝聚订单、凝聚资本，这要两手抓，两手都要硬。

此时，金融家沃克出现在迈克尔的面前。沃克因为一次投资的事情而陷入"经济危机"之中，急需一个新工作为自己打开局面。迈克尔正想聘请一位经理来帮助自己融资，于是他采取了大胆的合作策略，聘请沃克来做计算机公司的总经理。

迈克尔聘任沃克任总经理的真实意图并不是让他帮助自己做大计算机销售额，而是要让他来帮助自己筹集资本。但沃克也的确需要这个工作，于是两人一拍即合，很快就促成了合作。

后来的事实证明迈克尔·戴尔的用人策略是非常英明的，沃克是个大胆的金融家，他上任后的第一件事就是利用他在得克萨斯州商业银行的老朋友关系，为戴尔申请贷款支持，很快就打通了银行融资的大门。1988 年 5 月，戴尔公司在纳斯达克公开上市，筹到 3 000 万美元，此时公司的市值大约是 8.5 亿美元。

就这样，在合作中，迈克尔成功创业，沃克顺利扭转经济困局，彼此都得到了自己想要的利益，合作的价值得到了完美的体现。

创业思政小课堂

创业需要一个团队，只有发挥团队之间的协作精神，才能使企业得到更好的发展。我国十大商帮之一的福建"闽商"诚实信用，善于营造共赢的局面来维系合作关系，所以他们把生意做到了海外。

视频：福建商帮

四、坚毅

三次创业四次敲钟的创业达人季琦在第四次敲钟时说："其实我的三次创业都不容易，携程遇上了互联网泡沫崩溃，如家遇上了'非典'，华住遇上了金融危机，今年的疫情更是一场考验。我们能走过来，是因为我们始终能看到美好的东西，看到光明，相信好的东西，相信价值创造。"

创业之路就像玩游戏打怪升级，一路上会遇到各种各样的问题和挑战。对创业者而言，在创业生涯的发展路径中最重要的不是减少失败，而是坚毅。坚毅（grit）这个词在古英语中的原义是"沙砾"，指坚硬、耐磨的颗粒。坚毅是一种激情，是对长期目标的坚持不懈；坚毅是有耐力，是坚持你的未来目标，日复一日，年复一年，非常努力地使未来目标变成现实；坚毅是把生活当成马拉松，而非短跑冲刺。可以说，坚毅＝激情＋坚持，激情和坚持，二者缺一不可。坚毅能使你将体验到的所有痛苦、失去和挫败，在创业之路上都更具复原力。

西点军校是美国第一所军事学校，为美国培养了众多的军事人才，很多政治家、教育家和科学家都毕业于此。西点军校的招生条件非常严苛，除了年龄、身高、学习成绩等硬性标准，学校还要求申请者获得政府高官的推荐。这个高官的级别有多高呢？至少要是副总统、国会议员或者陆军部高官。每年都会有超过 14 000 名学生向西点军校递交申请，但是其中只有 4 000 人能得到推荐，而这 4 000 人中，也只有大约 2 500 人可以达到西点军校严格的学业和体能标准，而最终，只有 1 200 人会被录取。但是尽管标准如此严苛，录取比例如此之低，在被录取的西点学员中，每 5 人就会有一人退学，而且很多学生都是在第一个夏天就离开了。

心理学家们一直想弄清楚，到底是什么样的人，才能最终熬过西点军校野兽营的训练？而西点军校在招生程序上，应该进行怎样的优化，才能成功地在众多申请者中，鉴别出符合要求的学员呢？研究证明，坚毅的人更能坚持到最后。

销售行业是一个经常遭到拒绝的行业，像这样每时每刻都可能面对挫折和挑战的行业，研究结果同样证明，坚毅的销售员更能坚持到最后。坚毅甚至比人们经常认为的优秀特质，比如外向特征、情绪稳定性、责任感等，更加重要。

坚毅能力是可以提高的。四个步骤可以提高坚毅能力，分别是找到自己的激情、刻意练习、与帮助他人的目标相结合、拥有成长心态，这四个步骤能够帮助人们更好地面对过程中的挫折和挑战，从而坚持下去。

第一步，找到自己的激情。这个需要前期大量的尝试。大多数的坚毅典范都花了很多年去探索自己的兴趣，而那个最终占据他们心灵的事情，并不是他们第一次遇到时就被认出的。

比如奥运会游泳冠军罗迪·盖恩斯，虽然从幼儿时期就热爱运动，但是游泳项目，却是在他尝试了足球、棒球、篮球、高尔夫球、网球之后才发现的真爱。还比如被誉为世界名厨的马克·威特里，早期在音乐学校学习，并组建了乐队。那时他晚上在餐馆打工挣钱，也正因为这个契机，他才发现自己最爱的是烹饪，于是他放弃了音乐，专心研究烹饪。成功人士在接受采访时，经常会说，"我无法想象自己会选择其他的职业"。但是，事实上，很多人早期都曾有过从事其他行业的经历或想法。所以，不要坐在那里想自己到底喜欢什么，而要勇于尝试，勇敢追求，实践出真知。

第二步，进行至少一万小时的刻意练习。很多人都听说过一万小时天才理论，就是说要花很长时间去练习。但是坚毅不仅在于一个人投入某项兴趣上的时间，还在于投入的质量。专业高手的练习方式是先找到需要改进的一个微小方面，然后全神贯注地投入和努力，并寻求外界的反馈，之后再依据反馈一遍又一遍地调整和练习，直到此前的不足变成无意识的能力。

第三步，就是将技能与帮助他人的目标相结合。激情源于兴趣，也源于目标。所谓目标，就是你的人生使命，也就是造福他人的意图。有三个泥瓦匠，当他们分别被问到"你在做什么"的时候，第一个泥瓦匠说"我在砌砖"，第二个泥瓦匠说"我在盖一座教堂"，第三个泥瓦匠说"我在建造上帝之屋"。三个泥瓦匠的回答，被看作人们对自己工作的看法。第一个泥瓦匠把工作当作一份营生，也就是自己活下去的必需品。第二个泥瓦匠认为工作是职业，他看重的是平台和跳板。第三个泥瓦匠则把工作当作人生的使命，一种召唤。创业者需要不断审视自己，不断思考如何与其他人联结，如何与更广阔的世界联结，如何展示内心深处的价值观。也就是说，一个曾经说"我在砌砖"的泥瓦匠，也可能在某一刻意识到自己在建造"上帝之屋"。

第四步，就是拥有成长心态，更好地面对过程中的挫折和挑战，从而坚持下去。世上没有一件事是百分百完美的。即使做自己再喜欢的事情，也会有烦心的时刻，能否正确处理这样的问题，是能否长期坚持下去的重要因素。

　　什么是成长心态？就是你相信，只要有合适的机会和足够的支持，只要你努力并且自信，你就能成功。成长心态帮助你用乐观的方式解释逆境，它让你充满希望，不断寻求新的挑战，并让自己更强大。而固定心态，则是当你受到某些打击时，会将挫折理解为"自己不行"的证据，并认为自己永远不可能做好。它会让你放弃挑战，且在日后习惯性地躲避挑战。如何具有成长心态呢？相信自己可以改变，这点非常重要，然后，展开乐观地自我对话。例如，不要把所有的责任都归咎于自己；相信挫折和困难只是暂时的；看到生活其他美好的方面，相信这些困难并不会蔓延，以至于影响到自己生活的方方面面。除此之外，还可以找朋友聊聊天，倾诉烦恼。

> **创业思政小课堂**
>
> 　　创业者要面对各种困难压力，如果承受不了就容易失败，要想成功，就要有吃苦耐劳持之以恒的精神。我国十大商帮之一的山东"儒商"就具有豪爽仗义、踏踏实实、吃苦耐劳的精神。
>
> **拓展阅读：山东商帮**

创业生涯设计　任务一

… 模拟公司创业实训之评估书——创业生涯设计与创新创业想法

第一部分　知识准备

一、选择创业生涯

（一）创业的工作状态

创业是怎样一种状态？没尝试过的人无法体验其中的滋味，尝试过的人又各有各的感受。有人通过一组漫画揭示了创业和就业（打工）的差别。从中，创业者的工作状态可见一斑。

打工者是在茫茫大海中依托着公司的大船，创业者是自己驾驶着独木舟摇摇晃晃（图1-1）。

打工者坐在豪华大厦里的一个工位，创业者一般从小破楼里起家（图1-2）。

打工者睡眠时间充足，创业者一天能睡5小时就很好了（图1-3）。

图1-1　起点　　　　　　　图1-2　办公室　　　　　　图1-3　睡眠时间

打工者一日三餐固定有规律，创业者往往忙得忘记饭点（图1-4）。

打工者精神状态较为平稳，创业者精神高度紧张、波动激烈（图1-5）。

打工者每天只需要担自己的饭钱，创业者要开员工工资，付办公租赁费用、营销费用等（图1-6）。

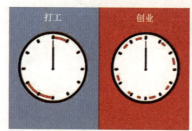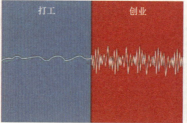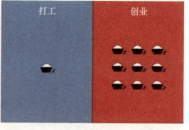

图1-4　一日三餐　　　　　图1-5　精神状态　　　　　图1-6　每日最低开销

打工者压力可以承受，创业者压力快要爆表（图1-7）。

打工者具备专项能力足矣，创业者十项全能，销售、管理、财务等都要懂（图1-8）。

打工者看问题角度单一，创业者擅长从全方位看问题（图1-9）。

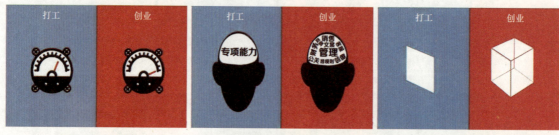

图1-7　抗压性　　　　　　图1-8　能力　　　　　　　图1-9　看问题角度

打工者终极目标是实现财务自由,创业者终极目标是上市(图1-10)。
打工者破产概率几乎为0,创业者破产概率超高(图1-11)。
打工成功者的收入趋势稳步小幅增加,创业成功者的收入趋势触底后直线飞升(图1-12)。

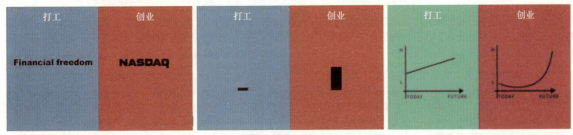

图1-10　终极目标　　　　　图1-11　破产概率　　　　　图1-12　收入趋势

创业对创业者的价值观、思维模式、能力、行为模式、健康及各种关系影响巨大(图1-13)。

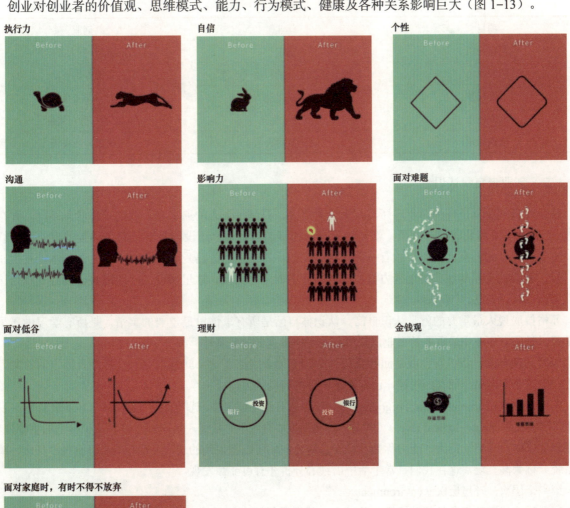

图1-13　创业对创业者各方面的影响

也有人用跟团旅游与探险活动来比喻就业与创业的差异，见表 1-1。

表 1-1　用跟团旅游与探险活动来比喻创业与就业的差异

项目	跟团旅行	探险活动
特点	会选择旅行社的旅行产品。旅行社提前安排好所有的路线、景点、住宿、饮食、购物等。只需要提前支付规定的费用，然后就一切听安排	会选择自己感兴趣的地方，然后开始行动。在探险过程中，会根据情况随时做出调整和新的选择。路线和看到的风景都充满了不确定性
状态	跟团旅游代表职场生涯的状态：目标确定，资源固定，依据计划去执行。优点是不用费心，不用承担不确定性和风险。不足是失去了探索未知景点的机会，失去了自由和灵活性，因为你总是被安排的	探险活动代表的是创业生涯，从拥有的资源开始启程，不用做详细的预算，沿途选择不同的风景去探索，通过创造性整合资源，最终看到了大多数人没有看到的风景，付出了更多的好奇心、风险和创造

就业和创业的差别见表 1-2。

表 1-2　就业和创业的差别

项目	就业	创业
目标视角	确定	不确定（有大方向）
资源视角	等拥有资源才开始行动（等待）	从拥有的资源开始行动（主动）
过程视角	线性（从 1 到 N）	迭代（从 0 到 1）
结果视角	复制或优化	创造多种可能性
决策视角	目标驱动决策	资源驱动决策

（二）创业者自我认识

就业或者创业只是一种择业选择，并无优劣之分，只是每个人的追求和喜欢的工作状态不同。乔布斯说过："成就一番伟业的唯一途径，就是热爱自己的事业。如果你还没能找到让自己热爱的事业，继续寻找，不要放弃。跟随自己的心，总有一天你会找到的。"当强烈的热爱与一个人内在生命的本能发生碰撞的时候，就会拥有超越现状的无穷力量，绽放生命中的未尽之美。这里所说的"跟随自己的心"就是深度同理自己、认识自己。

苏格拉底说人最重要的就是认识自己。认识你自己是所有事情里最重要的事情，是所有学习中最重要的学习，是所有事业中最重要的事业，是所有关系中最重要的关系。

深度同理自己，认识自己就是回答我是否要踏上创业之路。这个问题没有一个标准且固定的答案。但当你在对这个问题做出回答的时候，已经在影响你的行动的方向。

美国 NLP（neuro-linguistic programming，神经语言程序学）专家罗伯特·迪尔茨（Robert Dilts）发明的"逻辑层次"（neuro-logical level）（图 1-14）是一套"自我"的系统，是同理自己、认识自己的重要模型。在逻辑层次中，环境、行为、能力称为低三层，这是我们可以意识到的层次，而信念/价值观、身份、精神（系统）称为高三层，这在我们日常生活中需细心分析才有可能被发现。

第一个层次：环境层次（environment）。

这个层次代表我们所处的环境及相关的人，回答了何处（where）和何时（when）的问题。环境层次确定了个体做出反应的外部机会及限制。比如，做某件事时，我们必然会涉及的资源：我有多长时间做这件事？在什么地方做（场地有多大）？与谁一起做（谁可以为我提供帮助/我的团队有哪些人）？这一层次既包括我们周围的环境（人、财、物、时间等），也包括我们行为的结果。

第二个层次：行为层次（behavior）。

这一层代表我们的所作所为，也就是由环境影响而采取的特定行动和反应组成，它主要回答什么（what）的问题。行为是环境发生改变的直接原因，不同的行为导致不同的结果。如果我们对自己所处的环境不满意,就要改变行为方式或行动方向;如果我们缺乏做成某件事所需的资源,就要采取行动去创造。重复的行动不能带来相同的结果。

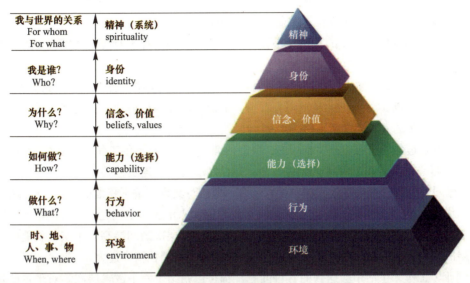

图 1-14　逻辑层次

第三个层次:能力层次(capability)。

这一层次体现的是我们所能应用的知识和技巧,也就是我们通常所说的能力,主要回答(how)的问题。一个人能不能采取某种行动,取决于他是否具备某种能力。婴儿不会走路,就不会到处乱跑;不会开车的人就不能让汽车安全行驶在马路上。因此,能力决定了我们行动的方向。

第四个层次:信念、价值层次(beliefs, values)。

这一层次体现的是我们所相信或影响我们的概念,它提供了支持与否认能力的强化物(激励和允许),回答了 why 的问题。信念和价值感决定了我们要去发展什么样的能力,就如同婴儿想像大人一样行走,于是便努力学习走路。在我们的一生里,总有一些事情是我们乐意去做的,因为你会认为,只有你做到了,你的人生才有意义。然后这种信念和对价值的追求,会激励你练习相应的能力。因此,价值观/信念是做事的动机和动力因素。

第五个层次:自我意识层次(identity)。这一层次体现的是我们最基础的核心价值与使命,通过自我认同确定整体目标(使命),主要回答(who)的问题,也就是我是谁。身份往往决定了具有什么样的信念和价值观。假如你是公司创始人,你会极力推进某个新项目上马,并尽快把最佳的产品呈现在客户面前,而且你下定决心——只能成功不能失败;而假如你只是该公司的中层管理人员,甚至只是一名普通员工,你就没有那么重视这个项目,对它的成败也不会那么在乎,即使你是一个责任心非常强的人,你的重视程度和所付出的责任心也不可能达到董事长一样的水平。在一个人的一生中,会扮演多种角色,每种角色都对应着一组责任和使命,因此身份就意味着使命。

第六个层次:精神层次(spirituality)。

这个层次是与我们自己关系极为密切的精神领域,它认为我们是超越我们自身的更大系统的一部分,就像个体之于家庭、社会或全球的关系,回答了为了谁(for whom)及为了什么(for what)的问题。比如为了谁而活,为了什么去做这个事情,目标实现后还有谁会受益等。当愿景发生变化时,身份地位会随着发生改变,并且这种变化会逐层向下传导。因此,逻辑层次揭示了一个人之所以会做出某些选择、坚持某种信念及行为的深层动力。如果对一件事情应该不应该做,拿不定主意,就要用逻辑层次进行分析了。

一个人做任何事,如果能将六个层次都一致连贯,便会身心一致,全力以赴地去做,既开心,又有效果。反之,事情不成功,有压力或情绪,一定是六层之中有不协调的情况出现。要做出改变,最好的方法是从更高的层次进行。

以一位学生学习心理学的过程用逻辑层次做一分析。

精神层面：我是这个世界不可分割的一部分，我的自我成长会影响到这个世界。

身份层面：我是一个追求自我成长、追求人生意义的人。

信念层面：我相信人生最重要的是精神层面，只有让自己的精神不断提升才能找到人生的意义，才能活得自在，而心理学是达到该目标的最佳途径。

能力层面：我有很好的理解力，也通过各种练习提升了身体及情绪的感应能力，我能将心理学学好。

行为层面：我要不断学习，花大量时间去看书、上课、参加各类培训，我要将所学写成文章、开成课程与人分享，影响更多的人走向这条道路。

环境层次：我通过各种途径选择要看的书、要上的课程，我让自己的工作、生活尽量靠近这个理想。

这位学生学习心理学是基于最高层次的理念，并且六层的一致连贯性特别高，因此在整个学习的过程中，即使心理学没有给自己带来直接收益也没有懊悔，即使写文章、做研究很辛苦也乐在其中。

爱因斯坦说过："你无法在制造出问题的同一个思维层次来解决这个问题。"好的解决问题，不是在一个层次上面寻找答案，而是跳到上一层寻求解决方法。通常低层次的问题高一个层次就能轻易找到方法，可倘若在同层次或低层次来寻找方法，效果往往不尽如人意或者消耗精力过大。

我们在创业、工作、生活中会遇到的各种问题，都可以归结于六个逻辑层次。对于自己是否应该走上创业道路，创业是否会带给自己意义和价值感，创业是否会带给自己快乐，自己是否会享受创业状态，要回答这些问题，不能只在能力（选择）层回答，而应该在逻辑层次的上三层（精神、身份、信念/价值）找到答案。通过这种方法，一是找到内在深层动力，二是提升六个层次的一致连贯性，身心一致，全力以赴地去做，既开心，又有效果。

当有创业想法时，或考虑是否要走上创业道路时，你需要深度同理自己、认识自己，问问自己如下的问题（表1-3）。

（1）精神层面：我和家庭、他人、社会、国家、世界的关系是什么样的？

（2）身份层面：我是谁？我是什么样的人？如果用一个词语比喻自己，是什么词语？为什么是这个词语？我想成为什么样的人？我三年内要成为什么样的人？五年内要成为什么样的人？

（3）信念层面：工作的目的是什么？什么样的工作是好的工作？什么样的人生是自己想要的？

表1-3 自我认识工具

层次	参考性问题	创业者的自我认知
精神层面	我和家庭、他人、社会、国家、世界的关系是什么样的？	
身份层面	我是谁？我是什么样的人？如果用一个词语比喻自己，是什么词语？为什么是这个词语？	
身份层面	我想成为什么样的人？我三年内要成为什么样的人？五年内要成为什么样的人？	
信念层面	工作的目的是什么？什么样的工作是好的工作？什么样的人生是自己想要的？	

如果你觉得你的价值就是改变世界、帮助世界变得更好，你是一个喜欢攻克挑战的人，认为高速成长的工作才是有意义的，认为商业环境的高度不确定性是激励你前进的动力，可以接受一段时间内收入不稳定或下滑、但未来要指数型增长，那么你的深层次内在动机与创业的特点一致性程度较高，这高三层之间的一致性也比较高，你会享受创业，即使忙得每天不能按时吃饭、只能睡五个小时，即使精神高度紧张，也没有假期，你也会觉得开心、快乐、有意义。

如果梳理完自己的高三层，发现与创业的状态一致性特别高，但是自己不具备创业所需要的能力，是否要踏上创业道路呢？

在我们的职业发展中，经常有一些误解，认为是先有能力才能担当某项职务（这里职务就是身份），其实是先让自己成为某种职务，能力会自然成长起来。即你的身份会推动你发展所需要的能力。

想想自己小学、中学时当班长的经历，没当过也没关系，有时候是教师指定的班长，有时候是同学推选的班长，无论哪种形式都不是要先培训班长的能力，才当班长的，都是当了班长后，才具备班长的能力的。

再想想职场，当你的身份是管理者，你的价值观和思考问题的角度就变了，你自然会磨炼出管理技能，提升能力。反过来，领导天天对员工说，大家要有大局观，但是很少有人能做到。这其实就是上层决定下层。

创业也一样，我们计划走上创业的道路，就会把自己当成一个创业者，而不是先学会创业再去创业，这样你锻炼创业需要具备的能力就变成一件必须要做的事情，而不是纠结该不该学。

（三）评估你的创业优势

我们首先要审视自己的内心，想清楚：我为什么要创业？能列出五个以上的理由吗？评估自身的能力，不但要问自己喜欢做什么，擅长做什么，能做什么，哪些方面需要提升，哪些方面需要学习？另外，也要问身边了解你的人，他们怎么看待你所拥有的能力与技巧？同时，专业的测评工具也可以帮助你更加全面清晰地了解自己是否具备创业能力，现阶段是否适合创业，如果创业你适合找怎样的合作伙伴等。

1. 自我评估

在创业素质能力自我评估中，每一个衡量标准都有三列可选项，对照自己，做好对应的标记（表1-4）。看看为了提高这些素质能力，你可以做些什么？以及如何接近"好"的目标？

表1-4 创业素质能力自我评估工具

序号	项目	好	一般	需要改进
1	Open to new ideas 思维开放			
2	Loves challenges 喜欢挑战			
3	Takes initiatives 积极主动			
4	Independent 独立自主			
5	Determined 意志坚定			
6	Leadership 领导能力			
7	Networker 人际关系			
8	Risk taker 敢于冒险			
9	Ability to master technologies 掌握技术的能力			
10	Can work with uncertainty 能在不确定性下工作			
11	Adapt to frequent changes 适应频繁的变化			
12	Collaborative & Involved 合作与参与			
13	Have global perspectives 具有全球视角			
14	Can work in fast paced 能在快节奏下工作			
15	Communicate clear 沟通清楚			

续表

序号	项目	好	一般	需要改进
16	Creative 有创意			
17	Motivator 有动力			
18	Visionary 有远见			
19	Self learner 自我学习者			
20	Curious/interested 好奇心 / 感兴趣			

2. 他人评估

我们所有人都有一些自身所擅长的领域，但是也都有一些盲区，也就是其他人可以在我们身上发现我们自己看不到的东西。所以你需要请不同的人给你做评估并为你提供意见，与你分享他们对你的评估。他们不需要在每个尺度上给你进行评估，而只需指出以下两点。

（1）你最擅长的三项能力是什么？

（2）你需要改进的三项能力是什么？以及哪一项是最重要的。

你可以问问那些可以给你真实意见的人，那些可以为你提供真实可靠反馈信息的人。你可能会从中发现，你认为你善于沟通，但通过别人的反馈，你可能会得知其实你并不善于沟通。很重要的一点是，他人给你的应该是批判而不是单纯的赞美，你需要听到他人对你的评价，才能知道自己的不足，进而有所改进。不要因为朋友对你没有任何意见，因此自我感觉良好，这样你实际上不会有任何进步。在你希望做的每一件事上，你需要期待人们能够自然地告诉你在哪些领域你需要改进。希望我们采取一种更系统性的方法来提高技能。

3. AI 测评

由中国与以色列专家共同开发的虎刺帕 360 度创业能力 AI 测评系统，能多维度反映你的性格、兴趣、创业素质能力，对你的创业偏好、团队组建、沟通谈判、关系平衡、资源整合、风险管控、危机处理、领导力等方面提出更具针对性的建议，既能帮助你更加全面清晰地了解自己，扬长避短，又能便于导师对你进行精细化与个性化指导，将在很大程度上帮助你缩短创业探索期，提高创业成功率。

虎刺帕 360 度创业能力 AI 测评系统

所以，先从"自我评估"列表中去完成关于你自己的评估（也可以在列表中添加额外的有关技能）；然后从其他人那里收集评估和反馈意见；最后做 AI 测评，进行比较分析。你可能会发现自己对自身的评估和他人眼中的自己会有一些差异，与 AI 测评的结果可能也会有差异，不过这都没有关系，创业指导师给你的解读与建议会更加全面一些。你需要知道具体要做什么，用什么方式；然后决定在哪些领域需要改进，最后你需要采取一些措施和行动，列出所有可能的学习方法，投入时间和精力去做出改变。

二、设计创业生涯

确定要创业之后，接着就要思考自己要去哪里，即生成未来创业生涯的设想。

（一）限制性信念：最好的创业方向

"最好的创业方向"是许多创业者秉持的信念，然而这是一个限制性信念。事实上，每人都有多个创业方向，比如创业者可以是一名课程开发专家，也可以是一名创业教练，还可以是一个网店的经营者……这些创业方向的不同身份意味着创业者有不同方面的经验、能力和专长。在不同的创业方向，创业者都可以拥有不同版本的精彩创业生涯。

拥有多重职业方向和身份的达人非达·芬奇莫属。众所周知，达·芬奇是一名世界级画家，同时，他也是一名雕塑家、发明家、哲学家、音乐家、医学家、生物学家、地理学家、建筑工程师、军事工程师。

在天文方面，达·芬奇认为月亮发光只是因为反射太阳的光辉，自身并不发光。达·芬奇还否认地球中心说，他认为地球不是太阳系的中心，更不是宇宙的中心，而只是一颗绕太阳运转的行星，太阳本身是不运动的（图1-15）。他的这些观点的提出早于哥白尼的"日心说"，甚至在当时，达·芬奇就可能在幻想利用太阳能了。

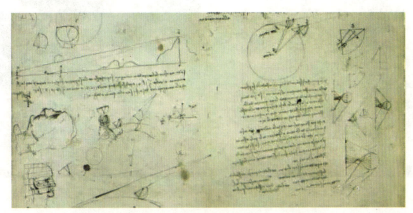

图1-15　达·芬奇研究测量太阳距离的手稿

军事方面，他设计了直升机、扑翼飞机（图1-16）、轻型滑翔翼、军用降落伞、机关枪、三段式速射炮、超巨型弩炮、手榴弹、武装坦克车、潜水艇、双层船壳战舰等；机械工程方面，设计了齿轮装置、自动汽车、空调设备、机床、千斤顶等。

值得一提的是，1495年，达·芬奇甚至设计了一个仿人型机械，也就是现代所说的机器人（图1-17）。现代工程师依据达·芬奇手稿里的草图耗费了15年成功地制造出了达·芬奇机器人，它靠风能和水力驱动，而且能够协调、流畅地做举手抬腿的动作。

达·芬奇对水利学的研究比意大利的学者克斯铁列早一个世纪。为了排除泥沙，他做了疏通亚诺河的计划。他设计并亲自主持修建了米兰至帕维亚的运河灌溉工程（图1-18）。由他经手建造的一些水库、水闸、拦水坝便利了农田灌溉，推动了农业生产的发展。有些水利设施至今仍在发挥作用。

图1-16　达·芬奇的飞机手稿　　图1-17　达·芬奇于1495年所设计的仿人型机械　　图1-18　利用机械进行水力开发图示，1490年，纸本画

医学方面，达·芬奇被认为是近代生理解剖学的始祖，他总共解剖和观察了30多具人类尸体，掌握了人体解剖知识，从解剖学入手，研究了人体各部分的构造。他最先采用蜡来表现人脑的内部结构，也是设想用玻璃和陶瓷制作心脏（图1-19）和眼睛的第一人。达·芬奇认为老年人的死因之一是动脉硬化，而产生动脉硬化的原因是缺乏运动。后来，英国科学家哈维证实和发展了这些生理解剖学的成果。

像达·芬奇一样在多重领域都取得了卓越成就的还有美国心理学家威廉·M.马斯顿博士。马斯顿博士还是《神奇女侠》漫画（图1-20）的作者。

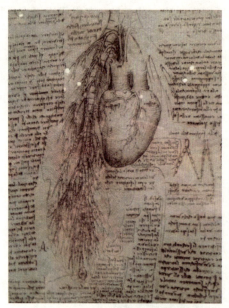
图1-19 达·芬奇研究心脏的手稿

图1-20 神奇女侠

这种拥有多重身份和职业的人被称为"斜杠青年"，因为他们通常会用"/"来介绍自己的身份，如：作家/插画师/摄影师。随着"互联网"的发展，不少年轻人选择多重职业。为什么要成为斜杠青年？因为它让你有更多选择。斜杠青年意味着"多赛道"，会让人生更有弹性、有备无患、转变灵活，很多时候，多种能力还能够互利互补，成为自己真正的优势。

生活中，也不乏斜杠青年。中国青年报社会调查中心对1988名18~35岁青年进行的一项调查显示，52.3%的受访青年确认身边有"斜杠青年"。清研智库等机构发布的《2019年两栖青年金融需求调查研究》中显示，全国年轻群体中有主业的兼职者、创业者这类"两栖""斜杠"青年已超8 000万人，以80后至95前人群为主，高学历人群占据"两栖"青年的主流。

《2020饿了么蓝骑士调研报告》显示，超过一半的骑手拥有"多重身份"：26%的骑手同时是小微创业者，4%为兼职自媒体博主，骑手们还有可能是司机、白领等。

（二）创业生涯的多种可能

当思考创业生涯人生发展方向时，很多人总会下意识地问自己一个问题："我最适合做什么？"事实上，创业方向没有唯一最优解，每位创业者都有无限可能。并且随着创业者创业经历的增加、外部环境的变化、发展机遇的挖掘，"最适合"往往会发生变化，也可能限制住我们的思维和潜力，错失好的创业方向，或者进入"一条路走到黑"的误区中。

当你决定踏上创业之路时，要尝试生成多种创业方向。一开始就有很多创业方向的人，更能打开自己的思路。在创业过程中打开思路，你就能抓住更多可能性。

（1）在你的优势领域内，你想做什么？

（2）在你喜欢和期待的方面，你想做什么？

（3）从市场机会和发展前景角度，你能做什么？

思考创业生涯方向的过程是头脑风暴的过程，这个过程中，不评价、不批判、不受资源和环境等因素的限制，畅想自己能有多少可能的创业生涯方向。这些创业生涯的方向都是你可以尝试的方向，是你潜在的可能创业方向，是你真正想实现的目标。

当你做了多种创业方向的设想，就已经获得了多种完全不同的创业思路，拥有多种完全不同的可能性。创业生涯就像一道动态题目。多个创业方向可以帮助你从容应对变化，拥有最理想的创业生涯。

表1-5 旨在帮助创业者生成创业方向的设想，可以是一个、两个、三个或更多设想，不一定是九种创业方向。

表1-5 创业生涯设想工具

思考问题	创业生涯方向	
在我的优势领域内 我想做什么	方向1	
	方向2	
	方向3	
在我喜欢和期待的方面 我想做什么	方向1	
	方向2	
	方向3	
从市场机会和发展前景角度 我能做什么	方向1	
	方向2	
	方向3	

三、成就创业生涯

当生成多个创业生涯的设想后，我们需要聚焦，验证假设，做出好的选择。原型能帮助创业者以最低风险、最快时间、最低成本进行探索，快速找到成功模式。

创业思政小课堂

近年来，越来越多的大学生投身创新创业实践，但也面临融资难、经验少、服务不到位等问题。为提升大学生创新创业能力、增强创新活力，国家陆续出台相关文件进一步支持大学生创新创业。

拓展阅读：创新创业文件解读

（一）VUCA 时代的创业路径：原型

一般情况下，不管是产品、服务、商业模式还是创业想法，头脑中的看起来都比实际中的更理想、更美好。这个差距可能会导致创业失败或遭遇重大挑战。如何减少这种差距所造成的后果？需要将想法"制作"成原型。通过原型打破"完美主义"，在实践中找到优化解决方案的新思路，而不是纸上谈兵。

"原型"一词源于设计思维。原型测试就是动手把脑子中的想法制作成一个看得见摸得着的实体模型。这个实体模型为概念、想象与现实搭建一条重要桥梁即为原型。通过制作原型，让抽象概念变成一个又一个的实体演示。我们可以暂缓之前的工作节奏，并创造新的讨论空间，帮助团队的讨论更有活力，辅助大家更有效地整合不同意见，共创新的设计。

可以说，原型就是"用手思考"的平台，使用实体道具来进行思考，并且成为思考的重要跳板。原型并不是要制作出一个非常成熟、可以排期生产的产品。"原型制作"的目的，是让大家理清已提出的概念具体是什么，让所有参与讨论的人，对所要开发或解决的问题有具体的视察目标，可以进行多角度思考。因此，原型可以是一个非常粗糙的、原始的表达方式。在制作原型时，细节并不是最重要的，重点是要通过这个原型，凸显某个概念或想法。所以"原型制作"主要使用简单的物料和工具，如旧海报、纸板、胶带、泡沫塑料、木头，甚至是身边任何可供使用的物件，只要能够具体展示出一个概念即可。

许多人想必对谷歌官方发布谷歌眼镜时的这张图片还有印象。如图1-21所示，谷歌眼镜曾经被称为"跨时代科技"，希望为人类提供这样的体验：接触到数码信息层的时候还能停留在现实世界中。

这种体验需要多久才能用一款原型设备实现呢？一天。这款原型设备如图1-22所示。核心部件是一个衣架，扯开扭成特定形状后，这个衣架有两个环，上面的一环可以挂在脖子上，下面一环则靠在胸前，在衣架上可以安装一个文件保护套，末端粘一个树脂玻璃，微型投影仪可以在其上成像。

图1-21　谷歌官方公布的谷歌眼镜

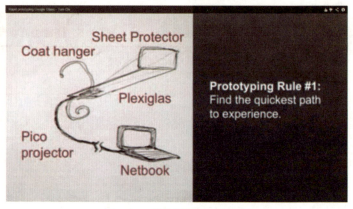

图1-22　谷歌眼镜第一个原型

这个原型很粗糙，但是你可以在一天内做好这个设备，实现数码信息层叠加到实体物理层的体验。你可以戴着这套设备到处走走，还可以利用上网去试验很多场景和主意。

原型设备做出来之后，第二个问题是，如何交互？既然是眼镜式的设备，没有键盘或者触摸板，可能的方法就是像《少数派报告》中的汤哥那样，手势控制。需要多久才能实现这种体验的初级版呢？45分钟。

左边是一个白板，白板上有一个衣架完成的支架，丝线连接着发带和地板上的装置，右边是地板上装置的详解图（图1-23），铅笔筷子和装订夹构成了一个类似老鼠夹的设备，一端连着丝线，另一端可以触发其他设备，比如演示遥控器。你可以一手拉着一个发带，拉动它，一溜下来最后触发演示遥控器，下一张，上一张，用双手控制软件。

显然，这些快速原型（图1-24）并不十分实用，但最重要的是，它们让你想起了你在心里记住要做的第一件事情。你脑海中翻滚的事情，大约只有5%的时间是"正确的"。这5%就是大多数创业公司成功的成功率。一旦你开始了快速原型，并经历了很多的想法，这就意味着一个更高的成功率。

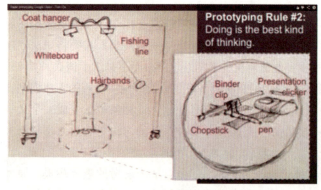

图1-23　谷歌眼镜第二个原型

图1-24　谷歌眼镜原型之一

（二）创业生涯的原型

创业生涯的原型是指通过了解和体验具体化未来的创业生涯。认为自己具备一个创业者的素质，而且非常适合创业者的生活，但犹犹豫豫不确定是否要创业；自己跃跃欲试很想创业，但亲戚朋友很反对自己创业；看好了一个创业方向，看起来很喜欢、很有信心，却不知道实际上的创业生涯是不是自己以为的样子；担心创业失败……当你有这些困惑时，你就需要在正式踏上创业生涯之路前设计原型了。因为关于未来的有益数据只存在于真实世界中，你需要通过"原型"获得创业生涯的"基础数据"，以帮助你做出判断和决策。

美国著名小说家作家威廉·吉布森（William Gibson）曾经说过："未来已来，只是分布得还不太均匀。"这句名言简单说来就是，我们未来会经历的事物已在世界某处发生。

根据现代的统计标准，在19世纪末期，新生儿的死亡率高得惊人——体重过轻的新生儿，60%在出生后几周内就不幸夭折。法国妇产科医生斯蒂芬·塔尼（Stephen Tani）发明的婴儿恒温箱（图1-25）让新生儿死亡率降低为38%。而塔尼的这项发明来自小鸡孵化器。

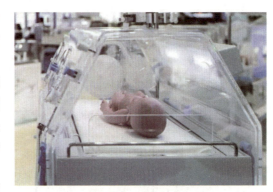

图1-25　婴儿恒温箱

塔尼在繁忙的工作中，给自己放了一天假。他在位于市区的巴黎妇产科医院工作。这家医院主要为城市里的贫困妇女们提供住院治疗。那天，他去巴黎动物园散步，这家动物园位于著名的巴黎植物园内，当塔尼漫无目的地行走在动物园内时，他偶然发现了一些小鸡孵化器。看着那些刚刚孵化出的小鸡在孵化器温暖适宜的环境中蹦蹦跳跳，他的脑海里突然跳出来一个创意。那天之后不久，他就聘用了动物园里的家禽养殖员奥迪尔·马丁（Odier Martin），让他帮助制造一个类似于小鸡孵化器的设备，用于为刚出生的婴儿提供相似的保护。塔尼十分清楚一点，那就是温度的控制对于这些婴儿的生存是极其重要的。在塔尼研发出婴儿恒温箱之前，类似的研究尝试已经出现过几次。

太阳底下无新事，现在正在发生的，过去早已发生，将来还会发生。不要觉得你的经历很独特、你的发现无人知晓，其实前人早已经历过，一模一样，反反复复。

《乔布斯传》里讲过一个故事：有一次乔布斯去施乐公司参观，发现了一种叫作GUI的技术，这个技术通过一个小盒子就可以直接实现输入问题。乔布斯当时看到这个技术，就立刻被震撼得走不动道了，员工形容道"他回到公司后，手舞足蹈得像个孩子"。普通人可能震撼完就结束了，然而乔布斯不是。他回到公司后，就立马开始了相关技术的开发，并使它变得更加简单好用。这个东西就是后来的鼠标（图1-26）。施乐公司还全然不知这项技术的伟大，它将改变整个计算机行业。后来的智能机也是这样，有人说它是21世纪最伟大的发明之一。其实乔布斯只是把电话功能、MP3功能、计算机的上网功能结合起来，再加上他那"魔鬼"的产品理念，就组成了一个伟大的产品。

成长，一种是亲身经历，自我反省；一种是站在他人的肩膀上前行，野蛮生长。如果你站在巨人的肩膀上，就能利用那些曾被经历过的东西，拿来帮助你走得更远。对创业者来说，生成想法后，需要做的不是全力以赴、坚定推进，而是原型测试、小步快跑、低成本试错。

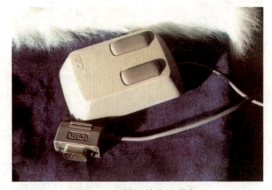

图1-26　第一款商业鼠标

（三）创业生涯原型方法

创业者常见的原型方法有访谈和体验两种。

1. 访谈

《2022中国青年创业发展报告》显示中国创新创业呈现高质量发展态势，创业数量可观、创投活跃度高、创服机构同步跟进，整体创业生态优良。

（1）创业数量：2021年中国新设市场主体超900万家。

（2）创业质量：2021年中国独角兽企业数量位居世界第二，新增科创板上市企业超160家。

（3）创投机构：2020年创投机构资本超1.1万亿元，但种子期等前期投资比例较低。

（4）创服机构：2021年孵化器数量超6 000家，江苏省国家级科技企业孵化器数量位列全国第一。

从年龄和职业背景看，19～23岁的大学在校生、应届毕业生、毕业后待业人员是青年创业主体（图1-27）。年龄方面，19～23岁合计占比51.1%，其中20岁为创业高峰年龄；职业背景方面，在校大学生占比51.3%，高校应届毕业生占比11.8%，毕业后待业人员占比10.7%，三者合计73.8%（图1-28）。

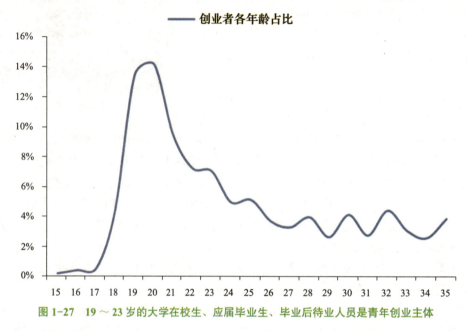

图1-27　19～23岁的大学在校生、应届毕业生、毕业后待业人员是青年创业主体

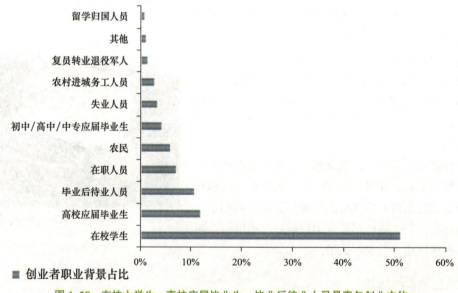

图1-28　在校大学生、高校应届毕业生、毕业后待业人员是青年创业主体

大学生身边的创业资源比较多，有正在创业或者已经创业的校友和朋友，也有创业指导教师。要创业的大学生可以采访这些人，增加获得有益信息的概率，了解创业的实际状态和体验，了解可能需要面对的风险和挑战等，增加创业成功率。

访谈的过程中，要询问的是开放性问题，而非封闭性问题。开放式问题是没有明确指向性的问题，对话对象可以在较广的范围内思考。封闭式问题是有指向性的问题，对话对象只能按照既定的方向思考，在访谈者事先设计好的备选答案中选择认同的答案。

访谈过程中，要询问的是创业的状态、感受和体验，而非自己是否适合创业、是否要创业等决策性问题，或者如何创业等创业路径性问题。这些问题是大学生进行原型对话后得出的结论。

一位大学生很看好美容市场，计划毕业后开一家美容院，然而她没有开美容院的经历，也没有做美容师的经历，也不了解美容市场，自己的学历高，然而自认为学历在美容市场没有优势，就是否开设美容院很纠结。这位大学生后来通过亲戚朋友与美容院经营者进行了原型对话。这些美容院经营者既有刚开设美容院的，也有发展多年经营稳定的。原型对话内容包括：

（1）开美容院的必备核心成功要素有哪些？
（2）开美容院的阻碍和风险有哪些？
（3）美容院经营者要做哪些工作？工作时间和状态是什么样的？
（4）美容院经营的感受有哪些？
（5）有哪些开心的、兴奋的、失望的、焦虑的事情？
（6）大概什么时候现金流回正？

小马过河的故事大家都知道，老牛对小马说："水很浅，刚没小腿，能蹚过去。"小松鼠说："别过河，别过河，你会淹死的！"每个人的背景、经历、角度不同，看待同一个事物的想法也不同。原型对话需要找各种不同层面的人进行。以美容院开设为例，除了访谈刚开设美容院的经营者、发展多年美容院经营稳定的经营者，还可以访谈美容院客户、美容产品供应商、美容院工作人员，甚至其他创业项目的创业者，都能带来很多启发。

2. 体验

体验是指直接亲自去体验一下未来想要从事的或相关的创业方向，获得一个与未来生活直接接触的机会。采取一些简单的行动，行动起来，体验和感受创业生活（表1-6）。

表1-6 原型工具

原型方法	原型行动	完成时间	所需支持	给自己的奖励

某高校一位女生，她很喜欢喝咖啡，开咖啡馆是她一直以来的梦想和期待。为此她还考取了SCA咖啡资格，这是一个高含金量的国际咖啡师证书。然而，她在朋友的咖啡馆体验了三天咖啡馆店主的生活后，

发现她只是喜欢喝咖啡，很不喜欢咖啡馆的经营管理，尤其是厨房工作。

她很庆幸在交付高昂的咖啡馆租金并装修之前，通过三天的咖啡馆经营管理体验，帮助自己提前体验了咖啡馆经营管理的场景和状态，发现这不是自己以为的、喜欢的状态，从而帮助自己快速、低成本、低风险地进行了体验，并做出了是否创业的决策。

创业者可以采取多种体验方式。比如到一家初创公司上班，作为正式员工或实习生，体验创业公司员工的生活方式，观摩创业公司老板的工作和生活方式及感受。比如自己小规模创业，或者在校园摆地摊，苦心经营一段时间，而不是三天打鱼两天晒网。即使你的创业方向和摆地摊的商业模式、业务和产品差异较大，你仍旧能通过这种方式体验创业者推销自己想法和产品、资金如何花在刀刃上、盈利压力等。作为客户体验产品、观摩经营者的工作也是原型的体验方式。

另外，虎刺帕为期两天的"创业人生"体验课，以游戏的方式，让"创业者"沉浸式地体验跌宕起伏的创业人生，学习和领会创业所需的理念与精神，模拟解决创业人生的困惑、陷阱与问题。游戏一遍创业人生，让"创业者"像照镜子一样重新审视自己，帮助"创业者"确定创业人生是不是自己真的想要的，或者怎样的创业人生才是适合自己的，这也是一种很有趣的原型体验方式。

总之，原型体验要快，建议最长七天一个周期。

创业者通过访谈和体验后，会提前走入创业生涯，感受创业者的酸甜苦辣，察觉自己是否适合踏上创业之路；也会帮助自己积累创业经验，识别创业过程中必须经历过的大大小小的坑，从而在真正创业后能有效应对，提高创业成功率。

在VUCA时代，市场环境瞬息万变，面对不确定性，小行动往往胜于大胜利。对于创业者而言，原型可以帮助创业者低风险、低成本、快速创业成功。

（四）制订计划，开展行动

当确定完原型方法后，紧接着就要制订行动计划，需要制定更具体的计划清单：什么时候采取这些行动、具体是什么行动、从哪里开始？

此外，还要列出有关资源。这里所说的资源指的是平台、相关材料和更深层次的有关事物。

平台包括线上、线下、会议、研讨会、在线导师。

材料包括书籍、出版物、采访和专业网站等。

人包括姓名、联系信息、专业领域等。

你需要想清楚，你的目标是什么？你想得到什么？你希望他人如何帮助你？除了所有线上和线下的出版物，我们也可以向其他人学习，从其他成功人士那里得到启发。

举个例子来说明：我们该如何使用这个系统的方法，在所有这些技能中，从自我学习能力的训练开始。

当你选择其中一项你想要从事的工作时，希望你能看到在完成这个计划的同时，还有哪些其他技能会得到提高？因为当你提高自学能力时，你同时也将提高许多其他技能，并且会对新想法保持开放态度。你将会提高承担风险的能力；能够更好地掌握某种技术；会拥有更好的沟通技巧、更宽广的全球视野等。

在你掌握了其中的一些技能之后，你就会意识到作为一个创业者，你正在提升的所有这些技能，所有这些要素都在其他环节出现了。选择自学的另一个原因是自学是知识型经济中的必备品。除创业者精神外，自学能力对创新创业至关重要，且在其他很多情况下也很重要。显然，教室、传统课堂、教师带学生等传统学习方法已经不够用了。

今天，我们可以使用多种多样的学习渠道，无处不在的、全天候的，从讲座、指导、演示、练习工具到游戏，在为我们全天候提供可用的信息和资源。有些甚至可以帮助我们获取过去只能在某些学校或特定教师那里才能获得的信息。

所以，你首要要设定目标。

（1）你具体想达到哪一步？

（2）你想通过提高自己的学习技能来完成什么？

（3）你通过自学提升自身能力，所以你需要养成不断学习提高技能的习惯，以增加与你的业务、商业理念和你的商业实践相关的知识，以及你作为创业者应该具备的能力。

在自我学习中，我们要转变心态。"我今天要比昨天拥有更多的知识"，当你带着这种心态来工作，许多其他技能、工具都可以很好地提高你的自学能力。提高自学能力的方法和工具有以下七种：

（1）传统学习方式：课程、研讨会、工作坊。

（2）阅读线上和线下的出版物（信息、观点、趋势）。

（3）结识知识渊博、经验丰富的人。

（4）向其他人学习，可以从其他成功人士那里得到启发。

（5）举行头脑风暴会议。

（6）尝试与实践。

（7）使用更多的工具进行分析。

第二部分　实训操作

一、实训主题

创业生涯设计，模拟组建创业团队。

二、实训目标

通过测评和对话，帮助创业者深度同理自己，清楚自己是否喜欢创业人生；通过寻找互补的创业合作伙伴，知道如何去组建创业团队。

三、实训准备

（1）填写《自我认识工具》（表1-3），深度同理自己的精神层次、身份、信念和价值观。

（2）填写《创业素质能力自我评估工具》（表1-4），创业素质能力自我评估中，每一个衡量标准都有三列可选项，对照自己，做好对应的标记，提高这些素质能力。

（3）通过360°创新创业能力AI测评，评估自己的兴趣、性格、优势、劣势、创新创业的素质能力状况。

（4）填写《创业生涯设想工具》（表1-5），生成多个创业方向，发现自己创业的无限可能。

（5）填写《原型工具》（表1-6），制作原型测试行动计划，回答如何实现自己的创业设想，创业生涯方向在哪里。

四、实训内容

（1）通过测评、对话、行动等方式深度认知自己，回答"我是否要踏上创业之路"。

（2）生成创业想法和方向，回答"我的创业生涯方向在哪里"。

（3）通过原型测试，回答"我要如何实现创业设想"。

（4）通过学习寻找合适的创业合伙人，组建模拟公司创业团队（附表2-1）。

五、实训流程和要求

实训流程和要求如图1-29所示。

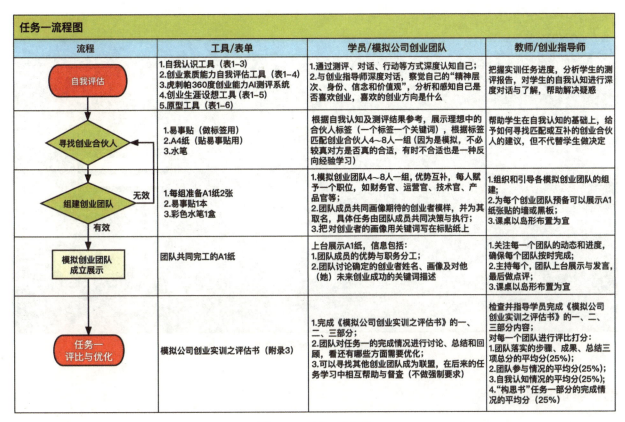

图 1-29 任务一流程图

六、实训平台操作

学员登录 http://www.ningbochuangye.com 或扫描右侧的二维码进入宁波市创业培训教学管理服务云平台，如图 1-30 所示。登录自己的账号，输入自己的账号和密码，如图 1-31 所示，选择进入模拟公司创业实训评估书界面。每个人填写完成模拟公司创业实训评估书第一、二、三部分内容。

图 1-30 云平台登录界面

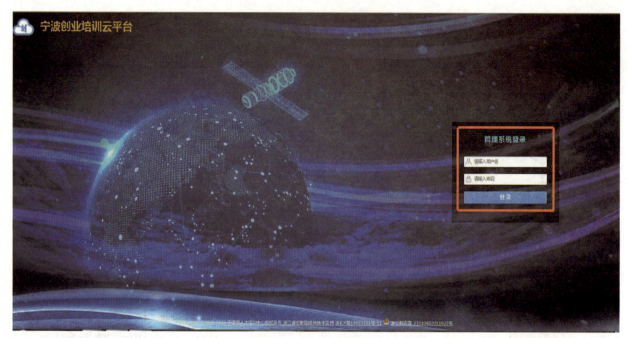

图 1-31 云平台登录界面

七、实训总结评价

（1）对于自己是否喜欢创业、是否适合创业有明确的感知。
（2）经过原型探索后，至少有一个自己有信心的、喜欢的创业方向。
（3）体验如何寻找与自己匹配的创业合伙人，以及团队创业的重要性。
（4）模拟创业团队任务一完成情况的评比分数。

如何产生创新创业的想法　任务二

第一部分 知识准备

一、从哪里获得创意

当我们萌生创业想法时，经常会思考一个问题：从哪里及怎样获得创意想法？其实，创新商业机会的灵感和想法一直存在于我们的身边，我们每天从各种途径接收到方方面面的信息，包括上学、上班、回家所观察到的现象，收看新闻，阅读刊物、学术研究、政府工作报告等获得的消息。我们本来就被各种想法所环绕，无论是在家里、学校或是工作环境中，无时无刻都会遇到各种各样的点子。这些点子，也就是创意想法的出现，是需要我们去发现的。机会到处都有，我们只需要睁大眼睛，竖起耳朵，用心观察，多问问题，并积极探索。

当我们考虑提供一个问题或解决方案时，不需要考虑全面的解决方案，如果能识别出一个小小的问题及改善的地方，都是我们能做的一种贡献，哪怕是很小的改进也是有价值和意义的。

我们首先是产生想法，然后去验证想法，最后再做决定。

举例说明：在目标确定之前，我们需要提出什么样的问题？如何使用所提出的问题？以及如何了解更多与我们领域相关的问题？所有问题的最终导向都应该是：有了我们的新创意，世界会不会变得更美好？

1. 提出问题

未来会缺少什么？未来五年的情况将会如何？顾客的期望是什么？有哪些地方可以进行改进？我们如何能够让它更好、更安全、更便宜？这些只是问题的一部分。当我们发现周围环境中发生的一些情况时就要提出问题。问题总是与机会并存，所以一次又一次地提出问题是关键。

首先，列出所有这些引起关注的点或存在的问题。当我们考虑提供一个问题及解决方案时，不需要考虑全面的情况，哪怕是找到一个小的可以改进的地方就已经足够了。也许我们的能力只能解决一部分问题，但是没关系，哪怕是再小的一点改进也是不小的贡献，也是很了不起的。

比如，当我们看到生活中的这一条信息，我们就发现了机会。

2021年人社部发布的第一季度"最缺工"职业排名前十中，家政服务行业占据两席，而高端家政服务人才更少。当我们真正去读懂这条信息时就会发现，家政市场缺乏专业的保姆，我们就有机会把有些事情做得更好。为了满足市场对保姆的需求，有关培训机构和家政公司招生处常常爆满。我们知道这个领域拥有不断增长的需求，也知道这是一个长远的趋势。一切与婴幼儿及青少年有关的市场，都将在未来几年内扩大。当我们去细心观察就会发现，许多家庭不想生二胎三胎，很大程度上与保姆有关：父母担忧缺少合格的保姆，然后又发现专业保姆的价格很高。

其次，我们需要寻找更多的资源、找到更多的信息来验证我们的想法。最好的验证方式是去了解与这个问题有关的人群。我们需要向有这类担忧的年轻父母或新的家庭进行了解。所以当我们问问题时，就会发现更多的问题值得关注：比如培训专业保姆的成本很高、这一领域缺乏监管、没有资格认证、在档案中很难调查保姆的背景、学历普遍较低、没有营养学知识、没有安全知识、没有受过急救训练、没有接受过儿童发展方面的教育等一系列的问题。

最后，我们需要通过问更多的问题来了解关键问题。假设我们知道一个已知的问题，我们还要知道谁被这个问题所困扰？谁需要这个解决方案？利益相关者是谁？也许有些人不会被直接影响，但他们也关心这个情况，所以这也会影响到他们。如果我们提出解决方案，谁将为解决方案买单？最重要的是：谁将从我们提出的解决方案中受益？

这个问题不得到解决，所有的家庭成员都会被影响：孩子没有优质的保姆服务，得不到专业的照顾；年轻父母会担心无法照顾好孩子；连祖父母都要为照顾孩子而承担的身体和精神上的压力，他们也担心找不到高质量保姆。况且，保姆群体的自身名誉也受很大影响。因此，这也是很多家庭不想多生孩子的原因。

从经济层面来讲，雇主会受到影响，经济受损。因为劳动力群体中有很多人压力很大，有时他们不上班是因为不能把年幼的孩子一个人留在家里，或者有时孩子生病需要照顾。此外，还有一些旅行限制，比如他们不能离开超过一天，因为他们需要确保孩子晚上也有人照顾。他们不相信保姆，保姆也没办法照顾好孩子。

另外，社会和国家都会受到影响。世界上很多国家的劳动人口规模都在缩小，老龄人口的增长可能引发人口失衡，导致没有足够的劳动人口来支持老年群体，这是一个世界性的问题。国家的政策是鼓励"三胎"，以保持人口群体的平衡。

所以，当我们看到利益相关者关心这种情况后，如果我们提供一个解决方案，他们是最有可能的支持者。

需要强调的是，我们需要提出很多的问题来确认我们的想法，因为足够多的问题就意味着足够多的机会。很多时候，我们会对不同的利益相关者、不同的信息源重复同一个问题，为的是确保我们没有错过任何一个环节。

创业思政小课堂

目前我们正面对新的商业文明，创业者需要从环境变化中挖掘创业机会。二十大报告中提到要共建"一带一路"，成为深受欢迎的国际公共产品和国际合作平台。"一带一路"倡议已成为全球化商业模式的重要载体与实践，"一带一路"是改革现有国际经济治理模式、实现包容性发展的伟大探索。

拓展阅读：新商业文明

2. 提出解决方案

在我们确定了可以改进的机会之后，还需要进一步做检查。从第一步想法开始，提出可能的解决方案，就需要集思广益，也许是去找专家，也许是自己更好地去思考。我们需要提供一些解决方案，然后进行评估。可以使用 SWOT 分析法，对不同的解决方案进行评估，然后选择一个或多个方案。

还是以保姆市场的问题为例，我们在这里列出的解决方案，是提供一个在线认证的基础保姆训练平台。提供在线高级筛选程序，提供心肺复苏、急救、营养学及安全意识方面的培训，提供远程支持，保姆和孩子父母可以向专家一起咨询。并建立 24 小时全天候监督，公司可以远程监护。家长不需要整天都在关注着发生了什么，但是公司可以有专人来做这件事，为家长提供监督的服务，当家长想要查看孩子或场所时，不管他们一天想检查几次，或者是做其他允许范围内的事情，都可以由公司的专职人员为家长提供监督与信息服务。

这里提出的解决方案：通过优质的代理认证公司，确保公司提前做了资质审查；提供全国性的在线平台和数据库，让家长们审核、在线与保姆会面、选择满意的保姆；对保姆提供基本的培训，并进行认证；验证保姆良好的资格和全面的背景情况，以及与保姆有关的一切信息，包括健康状况、家庭、教育程度等；提供孩子早期发育中安全与营养方面的加强培训课程和项目；提供孩子父母和保姆的服务热线；提供父母自己可操作的实时的室内和室外监控，还有一个在家里和户外的移动监视器等。

3. 创新点在哪里

如果你问，市面上的保姆中介已经有很多了，这个解决方案的创新点在哪里呢？我们在这里列出的创新性解决方案是使用科学技术在全国范围内培训保姆，使用增强现实和虚拟现实等先进技术来进行在线培训；运用大数据技术，对保姆的背景进行高级验证；检查保姆受教育程度是否真实；调查犯罪记录，或提供无犯罪证明；建立一个全国性有资质保姆的数据库，并在这个平台上给家长提供和保姆们进行互动的空间，并让家长能够主动查看这些信息；家长们不是只有一两个保姆可供选择，他们可以在网上与全国范围内的保姆进行交谈；还有另一个功能，可以在线从任何地方监控保姆；24小时客服热线，有专家、护士、营养学家、儿童早教专家等随时提供服务；还有一个在线学习资源中心，保姆和家长可以参加不同的培训，选择不同的课程。

这里只是举一个例子，如何建立服务并提供高质量认证的保姆。当然你也可以举出更多更好的例子。

创业从产生想法到进入市场的整个生命周期，我们在这里的重点是产生想法，也就是最初的阶段。还有一些我们要问的问题：我们发现真正的问题了吗？真正的问题需要一个解决方案，这里还有机会吗？我们要问与那些问题相关的人，需要帮助的人，以及那些被这些问题困扰的人。在他们回答"是"之后，这就是一个真正的机会，我们可以找到想要的解决方案，验证并确保检查可行性后，去获得这个解决方案所需的资源，然后构建企业、研究业务并评估盈利模式。

我们在每个阶段会有不同的问题：它符合常规规定吗？我们能保护好版权吗？合法性如何？安全性怎么样？

然后是商业模型的问题，如何创造利润？它有价值吗？

另外就是关于市场规模和竞争的问题，什么时候能产生利润？这是不是一个很好的商业行为？是否可以提供一个更好的解决方案？能改善生活水平吗？符合国家政策吗？是否可以降低成本？是否能提高质量，提升安全？是否能消除顾客的困扰？

我们讨论了问题，讨论了解决方案，然后要做的是向所有的利益相关方出售方案，这就是我们的价值主张：我们能够带来什么？我们要做什么？好处是什么？谁将受益？

在保姆市场的诸多问题中，我们的解决方案是可以为孩子们提供更好的照顾和更安全的环境；对于父母，我们可以让父母安心，减少顾虑，减少他们的成本；对于雇主和社会经济来说，我们将帮助提高生产力，降低缺勤率；当然，我们与国家政策保持一致，把保持人口均衡的目标与我们所关心的问题产生关联。

4. 更多的机会

这里，我们选择了一个关于保姆的问题，但当我们开始产生想法并考虑不同的情况时，我们还可以想到很多其他的机会。比如：我们做一个在线平台把父母们的需求结合在一起，可以建立许多其他的平台；把父母们聚合在一起，交换玩具、书籍、衣服、家具、工具和其他东西，有些东西还很新，只使用了几次，可以找人做交换，或者把它以很少的钱卖出，需要的家庭就不必花很多钱去买一个新的。所以，我们可以看到这将是一个趋势，为越来越多的儿童和年轻人带来许多其他的机会。

还有另一个机会，因为类似的机会也可以为老年人服务。很多家庭需要护理人员，护理人员的质量对老年人来说也需要解决方案。所以当你看到很多机会时，你只需要寻找一些你喜欢的和激情所在的创业项目。

这里只是用人社部发布的这个信息来说明，商业机会是无处不在的。当我们看相关新闻报道、资讯、研究报告时，在创新、电子商务和管理方面就有很多的机会。如果我们使用不同的媒界，将会找到更多的机会。我们只需要开阔思路，环顾四周，和人们交谈，了解并提出问题，学习不同的方面，就会有很多想法在我们的思维里积累起来。可能其中有很多不是好主意，但还是会有很好的想法产生。

二、产生并筛选出想法的方法与工具

（一）PBL 学习法（problem-based learning method）

1. 问题导向型学习法的优点

问题导向型学习法（PBL），是在以色列形成的方法工具，共有八个步骤（图2-1）。它是一种促进终身学习的方法工具，也是一种系统的方法工具，帮助人们建立创造性思维。和许多工具一样，它可以在不同的情况下使用。

任务二 如何产生创新创业的想法

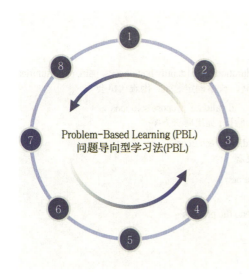

1. Explore the issue - Review a given situation 探索问题-回顾一个给定的情况
2. List its significant indicators 列出其重要指标
3. Develop & write problem statement 开发并撰写问题陈述
   What is the problem? 有什么问题吗?
   Why is it a problem? 为什么这是一个问题?
   Who suffers? 谁受影响?
4. Generate ideas for possible solutions, Analyze & select a solution that is most likely to succeed
   为可能的解决方案产生想法，分析并选择一个最有可能成功的解决方案
5. Assess knowledge gap 评估知识差距
   What do you & your team know? 你和你的团队知道什么?
   What additional information do you need? 你还需要哪些额外的信息?
6. List actions to be taken 列出要采取的行动
   to create the solution 创建解决方案
   (include timeline) (包括时间表)
7. Write up the problem, solution, value proposition
   写出问题、解决方案和价值主张
8. Write and present roadmap - Key milestones on timeline, Requirements and threats
   编写并呈现路线图-时间表上的关键里程碑、需求与威胁

图 2-1　问题导向型学习法步骤

2. 问题导向型学习法八步走

第一步，探索遇到的问题，观察情况，审查确定这是一个真正的问题，并提供解决方案。

第二步，列出从这个问题遇到的情况、发现的所有重要指标。

第三步，开发并撰写问题陈述，这是一个什么样的问题？为什么这是一个问题？谁受影响？

第四步，分析这个想法，并选择一个最好的、最适合的、最有可能成功的解决方案。

第五步，评估所掌握的知识及团队，自己的知识、技能和能力是什么？如何获得这些额外的知识和技能？

第六步，列出将要采取的行动，创造一个解决方案，并列出时间表。

第七步，写出问题、解决方案和价值主张。

第八步，编写并呈现路线图，包括关键的里程碑和时间表。

3. 使用问题导向型学习法工具的注意点

（1）清晰的解释。当我们使用这个工具展示路线图时，假设受众没有具备相应的知识和专业技能，就需要我们用一种非常简单的语言和他们交谈，就好像他们不知道他们提出了这个话题。此外，如果他们提出了一个我们不能马上回答的问题，没关系，这是一个学习的机会，我们只要回答"我需要调查一下"。没有人知道所有的事情，我们去学习、准备一下，下次如果有人提出同样的问题，我们就有答案了。

（2）保护创意。一方面，我们需要对自己的创意进行保密。另一方面，我们需要告诉别人想法是什么，想把它带给投资者，带给潜在的合作伙伴，但不是所有人。记住，在 IP 被保护之前，评估哪些信息是可以分享和呈现的，哪些内容是需要保密的，觉得想法不会泄密或者不会被盗用之后，再给出细节，必要时可以通过签署相关法律文件进行约束。

（二）约束理论 TOC 制约法（theory of constraints）

约束理论是由以色列科学家艾利·M. 高德拉特（Eliyahu M. Goldratt）博士创立的一种富有成效的方法工具，它不仅在以色列被使用，也被推广到全世界使用。

1. 约束理论的优点

约束理论是一种有效找出问题和机会的方法，是被用于企业创新合作的工具。它是一种系统的方法，可以让人们产生创新想法或者用作执行的工具和方法。这种方法有助于生成并实施解决方案，促进持续改进。

2. 约束理论的步骤及细节

约束理论有如下五个步骤（图 2-2）：

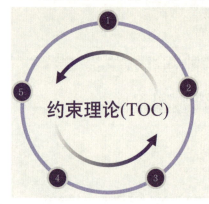

1. Map – activities, resources, duration, cost identify bottlenecks, pain, opportunities
   计划-活动，资源，持续时间，成本确定瓶颈，困难，机会
2. Brainstorm, solutions, analyze and validate, propose solutions
   头脑风暴，解决方案，分析和验证，提出解决方案
3. lan action, focus efforts, subordinate resources
   计划行动，集中努力，下属资源
4. Implement complete, fix, create new
   完成，修复，创建新的
5. Go back to review again and redo the process
   重新回顾，重做流程

图 2-2　约束理论步骤

第一步，规划。写下所有的活动、资源、持续时间和花费资金，并制作一张表格。

第二步，发现问题，识别挑战和机会。然后提出解决方案，并且进行分析和验证。

第三步，计划行动。将所有的注意力和努力都集中在这个方案上。

第四步，实施解决方案。解决需要解决的问题，或带来新的解决方案，创造新的价值。

第五步，查看计划有无问题，创建的流程图是否还有改进的空间，并更新流程，这就是持续的流程改进。

每一步需要关注的细节如下：

第一步，标记每一个行动过程，以识别瓶颈、缺点，找出可以改进、创造的一些问题和机会。

第二步，制作出一个大体的解决方案。然后再做一些分析和验证，选出最适合的方案。

第三步，制订具体的执行计划。把重点放在想要创造或改进的这些领域，然后去执行具体的计划。

第四步，修复细节，创造价值。

第五步，查看整体的流程图或计划，进行过程的持续改进。

● 举例说明

约束理论是如何运作的呢？

在以色列国家生物技术信息中心 NCBI，收集了来自全国 14 000 家诊所的数据，数据从检测之日起到达国家生物技术信息中心需要 16 天时间（图 2-3）。如何寻找能够对这个过程进行改进的方法，产生创新的想法来创造一些价值呢？

Collect data from 14,000 clinics It takes 16 days from the date of the test to reach NCBI.
从 14 000 个诊所收集数据，从测试之日起需要 16 天的时间到达 NCBI。

图 2-3　NCBI 数据收集

从图2-4来看，不同诊所、不同实验室最终连接的都是国家生物技术信息中心。这个流程图标记了每一个过程，即不同的步骤和不同的信息内容（在这个案例中，我们只是添加了时间信息，作为学习的基础）。

通过这张流程图，我们发现，数据被送到诊所需要2个小时，测试需要4天，标准化输出需要4天，基因排序环节需要6天，生成电子数据需要3个小时，然后递交需要1天。如果我们观察整个过程，所持续的时间将近16天。问题是这里有没有改进的机会？我们发现的瓶颈，是其中一个需要6天时间的环节。我们一起来思考一下：如何改进这个过程？有什么办法加快整个过程的速度？

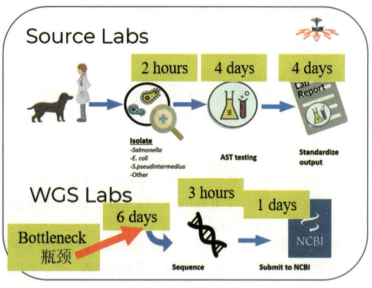

图2-4 数据收集流程图

第一步，用约束理论的工具和方法进行标记。

第二步，与专家一起集思广益，提出解决方案，然后计划行动，集中所有重点在这个解决方案上进行改进。这是根据我们产生的想法创建的解决方案，根据解决方案实施具体的计划。新的解决方案将帮助我们缩短时间，因为我们发现可以为应用程序提供一些扫描技术及AI算法，这样就可以缩短时间，从6天减少到2天。这是一种创新的想法，是利用技术完善了计划，在这个过程中减少4天的时间，所以瓶颈就不再是问题了。

但这还不够，我们要继续改进，那么下一步该怎么做呢？是否还有其他机会呢？再看调整后的流程图，在开始的两个流程中有两个4天，也许还可以找到改进的地方，再缩短时间。在这个过程中，我们也许有减少成本的空间，就像之前使用技术把6天缩减到2天来增加价值一样，我们要继续寻找新的机会、产生想法、不断改进以创造更大的价值。

（三）持续过程改进（CPI）

上述约束理论（TOC）工具是持续过程改进（CPI）中的一部分；约束理论的最后一步是检查，这也是持续过程改进。

每个企业所有的过程不可能是一成不变的，随着环境的改变、人员的改变、产品的改变等，过程都会时刻改变。过程再完善，企业也会不断遇到新问题。企业过程的执行者不仅仅是管理者，还包括每一个员工。所以让每个员工都有提建议的习惯，设置建议的提交、评估、采纳、改进的流程，并让每个员工了解这个改进流程是非常必要的。中医上说："通则不痛，痛则不通。"企业需要鼓励员工思考工作中的问题，提交改进建议；安排专人负责收集、整理、发布员工提交的建议及其处理情况；评估员工的改进意见，给出反馈；必要时先安排改进建议的小范围实施试验；督促和落实通过审批的员工建议。只有改进的流程通了，企业的过程才会不断地得到改进，并朝着良性循环的方向发展。

所以，持续过程改进是一个过程，重点是改进、创造价值，产生创新的想法。持续过程改进被大量应用于很多企业、很多领域，大到大型全球供应链企业，小到小型实验室的专业程序，哪怕是为改进一个电路板设计一个算法，它都可以帮助企业减少浪费、优化库存、提高产量、降本增效、获取资源、增加机会。

我们可以使用约束理论增加产品价值，也可以用持续过程改进进行商业模式规划，它们都是很好的管理工具，帮助我们组织和实现自己的想法。

（四）SWOT 分析法

SWOT 由 strength（优势）、weakness（劣势）、opportunity（机会）、threat（威胁）四个英文单词的第一个字母组合而成。SWOT 分析即优势、劣势、机会、威胁分析法。这种分析能够帮助人们集中考虑每个企业想法可能存在的问题及潜在的优势。

1. 企业内部

要分析一个企业想法的优势和劣势，首先应该了解和分析计划创办企业的内部情况，包括优势是什么、劣势是什么等。优势和劣势是存在于企业内部并可以改变的因素。

（1）优势是指创办企业的有利因素。例如，计划销售质量更好的产品或服务，或是企业的位置非常有利，或是员工技术水平很高。

（2）劣势是指创办的企业不太擅长的方面。例如，因企业远离供应商，不得不支付更多的运输费用，从而使产品或服务的成本很高，价格比竞争对手高。

2. 企业外部

为了分析计划创办的企业可能面临的机会和威胁，需要了解这个企业的外部情况，即外部环境，包括哪些方面对企业有利，哪些方面会对企业产生负面影响等。机会和威胁是存在于企业外部的，内部无法施加影响的因素。

（1）机会是周围存在的对计划创办的企业有利的潜在发展因素。例如，越来越多的游客来你计划创业的所在地区观光，就有可能导致你计划生产的产品的需求量增加。

（2）威胁是指可能发生的会对计划创办的企业产生负面影响的事情。例如，企业想法太简单，开办的门槛很低，可能会有人在同一个地区创办同类型的企业，这样就将减少企业的市场份额。

SWOT 分析是一个工具，针对优势、劣势、机会及威胁进行有组织地分析，它呈现了各种条件，以帮助人们做出理智的决定。

在 SWOT 框架中，你会在四个区域分别放入什么信息（图 2-5）？

在"优势"区域（S），比如：我是一个有好奇心的人、擅长使用互联网访问世界各地大量可用的信息、喜欢抓住机会来解决问题、可以接触和使用多种资源，以及擅长的其他许多方面。

在"劣势"区域（W），比如：我组织能力薄弱、资源有限、没有经验、与家人的需求冲突，以及会遇到的其他阻碍的因素。

图 2-5 SWOT 框架

在"机会"区域（O），比如：如果做我想做的事，它将为我创造什么？结果又会是什么？它将提供什么价值？具体将推广什么？我将从中得到什么？

最后是"威胁"区域（T），比如：是什么阻碍了我？我将面对的挑战、风险、竞争是什么？可能会让我崩溃的三件事情是什么？当面对这些事情时我想做什么？

在 SWOT 分析结束时，我们可以估计项目所处的具体阶段，并可以看到与优势和机会相对的正是劣势和威胁，我们需要确保劣势和威胁不会阻止我们完成想要做的事情。要做到这一点，我们要克服这些弱点和威胁，找到减少或限制它们的方法，但重要的是能在需要的时候解决它们！

第二部分　实训操作

一、实训主题

运用所学的工具方法,产生创新创业的想法。

二、实训目标

在学习和运用 PBL、TOC、CPI、SWOT 等工具方法的基础上,各模拟创业团队讨论并产生创新创业想法的构思。

三、实训准备

事先各自准备提出的问题、解决方案和创新点,供创业团队参考与讨论。

四、实训内容

模拟创业团队通过所学习的工具方法,讨论与选择确定企业想法构思并完成评估书。

五、实训流程和要求

实训流程和要求如图 2-6 所示。

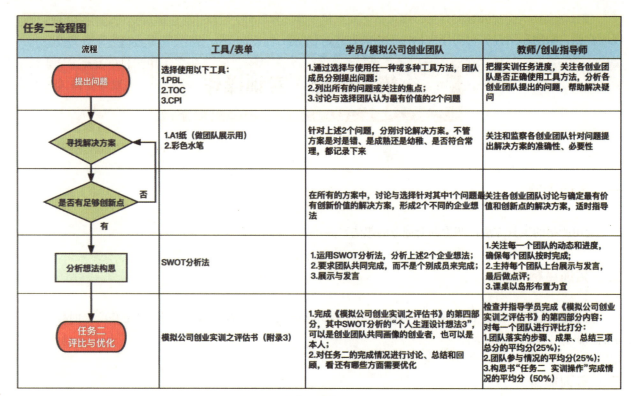

图 2-6 任务二流程图

六、实训平台操作

学员登录 http：//www.ningbochuangye.com 或扫右侧的二维码进入宁波市创业培训教学管理服务云平台。登录自己的账号，输入自己的账号和密码，选择进入模拟公司创业实训评估书界面。每个人填写完成模拟公司创业实训评估书第四部分内容。

七、实训总结评价

（1）促进、加强模拟创业团队成员学习和正确使用工具，旨在激发学生产生更多的创新创业想法。

（2）通过创业团队合作解决真实性的问题。

（3）各团队共同分享为产生创新创业想法而使用的工具、方法，检查各团队是否真的掌握了使用的工具、方法。

如何验证和筛选创新创业想法

任务三

模拟公司创业实训之评估书——创业生涯设计与创新创业想法

第一部分 知识准备

在创业的过程中，首先是发现问题和机会，产生想法，提出解决方案，投资和开发这个解决方案并使它成为产品，推向市场，使它造福于社会，这样才能成功。我们需要为他人创造价值，需要提供一个有人将从我们的解决方案中受益的价值主张，有人愿意为我们的解决方案买单。因此，为了增加成功的机会，我们需要了解不同的挑战。在产生想法和产生利润的生命周期中，当这些障碍、风险和挑战出现时，需要准备好应对它们。

当我们产生想法时，就要意识到在创业的整个生命周期中都存在挑战、风险与不确定性。如果我们现在不去解决它，就有可能冒一次失败的风险。创业失败的原因有以下几个方面：不符合投资者的政策、市场不够大、市场或用户尚未准备好、创意太简单每个人都可以重复、创意不能被保护、竞争对手可以提供更好的解决方案、找不到合适的人才等。

一、验证想法

当我们产生想法的时候，需要重点考虑几个方面。首先需要找到商业机会，即存在的问题、差距或者痛点，这些都是可以产生价值的机会。然后产生一个想法来解决这个问题或者痛点，还要验证提出的解决方案，答案结果参照"我可以做到，我可以生产"。最后要评估它的商业价值，以确保它是有意义的，并且可以产生利润。

（一）问问题：在哪里可以找到商机？

我们通过观察周围的现象，能激发出很多问题。通过问问题，就可以找到很多的商业机会。能问的所有问题不外乎：如何让它更便宜、更快、更好？未来需要什么？差距在哪里？什么是有用的？痛点是什么？如果你发现的问题，对某些人来说是痛点，而你提供了解决方案，这些人就很可能愿意为你提供的产品和服务买单。我们对看到的这么多问题，需要学会用工具、方法和方式来识别商业机会。

（二）产生想法创造解决方案

验证之后，我们就能识别问题并验证出真正的问题所在，我们想要产生和创造解决方案，但也许解决方案已经在世界的另一个地方存在了。世界上有解决这个问题的办法吗？我们可以使用它吗？我们能提供更好的解决方案吗？也许有解决办法，但还不够好，那我们能为顾客增加价值吗？这些都是我们想问的问题，以确保生产或提供有价值的产品或服务，解决别人的痛点难点，为企业创造利润，也为社会做出贡献。

（三）可行性评估

我们要反复验证解决方案：它符合国家政策吗？能真正解决顾客的痛点吗？能提供价值吗？能减少和消除存在的威胁吗？能提高质量吗？能降低成本吗？能改进服务吗？能提高安全性吗？能带来快乐吗？是否可以提供一个更好的解决方案？有了这个解决方案，这个世界会变得更美好吗？

所以，当我们发现了一个商业机会，提出了解决方案，既然相信它能创造价值，就要对这个方案进行验证和检查。这里要重点强调：如果我们是在做创新，很可能是在做别人没做过的事，所以要认真评估，如：可以通过技术实现吗？能否以合理的成本和时间来实现？如果成本过大，就没有意义了。你需要雇用员工或合作伙伴来做这件事吗？你能与这个合作伙伴建立联系并合作共赢吗？

还有其他一系列问题，比如：它是否符合规定？能提供保障吗？服务质量能不能提高？安全性能不能提高？从商业的角度来看，这样做有意义吗？这些问题能帮助我们理解和构建这个方案的可行性和可操作性，并帮助我们对商业模式进行评估。

（四）建立和评估商业模式

接下来的一个话题，同样有很多问题：市场规模有多大？谁是我们的潜在客户？能与他们建立联系吗？原因是什么？竞争对手是谁？他们在哪里？他们是做什么的？谁为我们的产品买单？谁来用？要投入多少成本？什么时候能拿回投资？投资回报率是多少？多少时间能收回投资和产生利润？简单来说，就是搞清楚四个问题：卖什么？卖给谁？怎么卖？满足哪些需求？

我们需要这些问题的答案，但不确定我们的答案是否准确，需要评估商业模式。它是一个好的商业实践吗？我们能生产和服务得更多吗？它造福于人，也造福于自己吗？

当我们完成以上所有问题之后，再决定是否继续下去。

（五）价值主张是什么？

作为价值主张，就是我们能带给别人什么价值，带给自己什么价值，带给世界什么价值。在新的价值主张中，我们想要问的问题是什么，机会是什么，该如何解决？提供一个解决方案，谁将从中受益？如何从中受益？受益什么？我们作为创业者，将如何受益？这就是价值主张。我们需要一个强有力的价值主张说服所有利益相关者，因为我们问的问题越多，提供的答案越多，能够说服的利益相关者就越多。在企业里，我们需要说服管理层，但作为创业者，我们开始就要说服投资者、合作伙伴等，从而创造更多更好的机会。

（六）商业画布

商业画布（business model canvas，BMC）是描述价值主张的图表，是一个帮助我们组织想法的好工具，它帮助我们确保考虑到所有需要考虑的因素（图3-1）。当我们展示的时候，可以用一种让听众明白的方式表达出来。同时，商业画布（BMC）工具帮助决策者理解好处和代价是什么，促使管理者处理业务的所有关键方面。

图3-1　商业画布

(1)目标客户。目标用户有哪些?我们正在为谁创造价值?谁是最重要的客户?

(2)价值主张。客户的痛点是什么?客户需要的产品或服务是什么?我们该向客户传递什么样的价值?能帮助客户解决哪一类难题?能满足哪些客户需求?能提供给目标客户哪些系列的产品和服务?

(3)渠道。我们和目标客户通过哪些渠道通路产生联系?不管是我们找到他们还是他们找到我们,渠道如何整合?哪些渠道最有效?哪些渠道成本效益最好?如何对渠道和客户的例行程序进行整合?

(4)客户关系。客户接触到我们的产品后,我们与客户应建立怎样的关系?一锤子买卖或长期合作?哪些关系已经建立了?维护这些关系的成本如何?如何把客户与商业画布的其余部分进行关联?

(5)收入来源。我们如何从价值主张中取得收益?什么样的价值能让客户愿意付费?客户如何支付费用?客户更愿意如何支付费用?每个收入来源占总收入的比例是多少?

(6)关键资源。为了实现我们的价值主张,必须拥有哪些核心资源(资金、技术、人才等)?实现渠道通路、客户关系、收入来源需要哪些资源?

(7)关键活动。为了实现价值主张,必须开展哪些关键业务?分销渠道是什么?要建立怎样的客户关系?收入来源是什么?

(8)关键合作伙伴。为实现我们的价值主张所需的供应商与合作伙伴的网络,谁是重要伙伴?谁是重要供应商?如何从伙伴那里获取哪些核心资源?合作伙伴都执行哪些关键业务?

(9)成本结构。什么是我们商业模式中最重要的成本?哪些核心资源花费最多?哪些关键业务花费最多?

以瑞幸咖啡的商业模式为例,

如图 3-2 所示,瑞幸咖啡的商业模式涉及的九个关键模块整合到一张九宫格的画布之中,可以灵活地描绘并设计商业模式。更重要的是,它可以将商业模式中的元素标准化,并强调元素间的相互作用。每一格都代表着各种可能性和替代方案,我们要做的就是找到最佳的那一个。

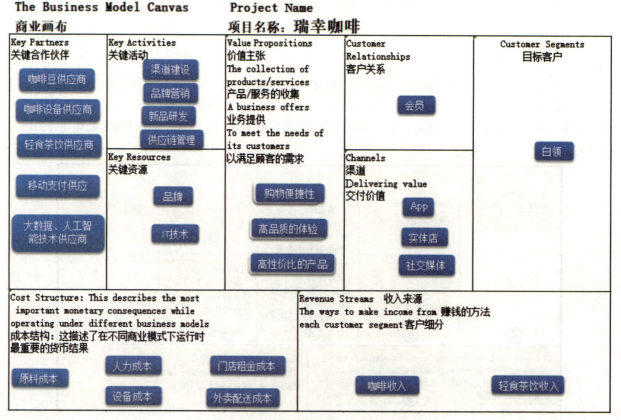

图 3-2 瑞幸咖啡的商业画布

二、验证与筛选的方法

（一）以人为本

满足客户未被满足的需求能帮助创业者识别商机并产生创业想法，实现轻松创业。一切需求的出发点都是"人"，这里的"人"是指产品的使用者或解决方案的服务对象，也就是说，要识别客户未被满足的需求就要以人为本，即以探索人的需要为出发点，创造出符合其需要的解决方案。

腾讯的创始人马化腾曾毫不掩饰心中的忧虑："我最大的担忧，就是越来越看不懂年轻人的喜好。"他坦言："每一个身处互联网行业的人其实都伴随有一种巨大的危机感——产品和用户需求变化之快，对研发技术能力的依赖之深，都是史无前例的。互联网行业不存在侥幸，也没有永远的第一，甚至也都没有对错，只要用户没兴趣了，你就会被淘汰掉，这是互联网行业的残酷。"可见以人为本的重要性。

2021年，在全球经济面临诸多挑战的情况下，小米的"成绩单"依然亮眼——小米集团在2021年总收入高达3 283亿元，同比增长33.5%。经调整净利润达220亿元，同比增长69.5%。相比同行，小米这份成绩单足够抢眼！小米在2021年的全球出货量高达1.9亿台，同比增长30.0%。据Canalys机构分析，2021年小米智能手机出货量排名全球第三，市场占有率为14.1%。这些年，雷军和小米团队做对了什么，能让小米取得今天的成绩？答案是以人为本。

细数雷军的讲话及小米相关的书籍研究及报道，不难发现小米拥有"以用户为中心"的基因。从诞生之日起，小米始终坚持"一切以用户为中心，其他一切纷至沓来"。小米一开始就让用户参与到产品研发过程中来，包括市场运营。在小米创业初期，雷军先聚拢一批发烧友让其参与小米的设计、研发、反馈，所以用户黏性极强，并迅速扩大。随后，雷军更是设立爆米花奖、同城会、米粉节，将米粉紧密地联系在一起。譬如小米提出"橙色星期五"的开发模式，100人的MIUI开发团队在论坛与用户互动，听取用户的建议和需求，系统每周更新，在保留基础功能稳定的基础上，把好的或不够好的想法，成熟或者还不成熟的功能，都放入系统，坦诚地放在用户面前，供用户使用、测评（表3-1）。

表3-1 "橙色星期"五开发模式

周一	周二	周三	周四	周五
开发	开发/四格体检报告	开发/升级报告	内测	发包

随后，MIUI开发团队会在下周二让用户提交使用过后的"四格体检报告"（简称"报告"）。"报告"会以系统消息的形式在进行过刷机的用户手机里弹出，每期参与人数达到十多万人。通过"报告"，可以汇总出用户上周哪些功能最喜欢，哪些觉得还不够好，哪些功能正广受期待。小米工程师会根据用户的反馈对系统进行修改。

小米让用户参与产品设计和研发环节，实现规模化定制，消费者不再是产业链末端的被动接受者，而成为产品制造的主导者，真正实现以用户体验为中心，以人为本。

创业思政小课堂

创业以人为本告诉我们要从消费者需求出发，善于更新观念，再结合自己的优势展开创业项目。我国十大商帮之一的洞庭"苏商"就特别善于接受新鲜事物，并且把新鲜事物和自己家乡的实际情况相结合，创造出了特别有本地特色的一些经营方式，值得我们学习。

视频：洞庭商帮

（二）方法与工具

以人为本验证与筛选商机的想法就是站在用户的立场上，尝试去理解用户为什么这样说，为什么这样做，又为什么这样想，从而更好地为用户提供问题的解决方案。观察、倾听、访谈等方法可以帮助创业者转换角度，与用户产生共情，进而分析出用户的核心诉求，识别、验证和筛选出商机。

1. 观察法（工具：APOEM）

观察法是指创业者根据一定的目的，依据观察提纲或观察表，用自己的感官和辅助工具去直接观察用户，从而获得资料的一种方法。观察过程中，创业者常常需要站在对方的视角，去观察、去感知。尝试走用户走过的路，做用户做过的事，看用户所看到的东西，尽可能忘记自己的认知、自己的经验。站在不同的角度看问题，注意到的内容就会不一样。

观察，不仅是看，更是有意识地去思考。当观察到用户遇到的问题时，需要思考这是一个共性问题，还是一个个性问题？为了更客观地去验证，创业者需要再多观察几个对象，通常3～5个左右的用户就能够反映出大多数问题，并出现重叠的反馈。在实际使用观察法的过程中，由于人的感观有局限，我们常常需要借助仪器和手段，如：照相机、录音笔、录像机。这些原始的记录和材料，为进一步分析用户，洞察其核心诉求，提供了基础和依据。

APOME是常用的观察法工具，其思考方法如下：

（1）人（people）：观察到什么样的人？
（2）活动（actions）：他们在做什么？
（3）物体（objects）：他们在使用什么工具？做什么？
（4）信息（messages）：他们如何交流？说些什么？
（5）环境（environment）：周围的环境是什么？

比如观察在外旅行的人在什么时候是舒心时刻。当旅行者进入房间，把外套扔到床上，打开电视机长舒一口气时，才是真正重要的时刻。

2. 访谈法（工具：5W1H）

访谈法包括单人访谈和多人访谈。

单人访谈，也称一对一访谈，是指用提问的交流方式，来了解用户使用产品或服务体验的过程。访谈的内容依据访谈目标而定，总体包括产品或服务的体验过程、感受、想法、个人经历等。

多人访谈，也称焦点小组访谈（一般访谈对象为6～8人的同类用户），是一对多交流，通常有一个固定的主题，用结构化的方式研究使用者或服务对象的感觉、态度等。

无论是一对一，还是焦点小组形式，在访谈过程中，都要先做好彼此的心理建设，去除主要的负面情绪和不利的环境影响因素，尽量为访谈对象提供安全、轻松的氛围与环境，帮助其缓解紧张情绪。

在访谈过程中，我们可以了解用户做一件事情的原因是什么？了解用户的情绪感受，什么让他快乐，什么让他忧伤，又是什么让他愤怒……了解用户的动机、认知、信仰和价值观等。

在这个过程中，可能会发现一些矛盾的存在，可能帮助用户看到他们不曾注意的行为、方式、方法，将这些都记录下来，作为下一步分析的素材。

访谈前的准备包括明确访谈的目标（目标人群、想要调查的问题）；拟定访谈大纲，包括访谈的内容及内容排序，这将是一次设计自然的对话；招募用户，安排访谈日常。

访谈时要注意过程内容记录。访谈后要及时回顾并整理分析资料。

访谈过程中，最重要的是倾听。访谈者要当积极的聆听者。

倾听，更多聚焦于用户说话的用词和微妙之处，不仅仅要听对方说什么，也要注意观察被访谈对象的非言语行为，包括其面部表情、肢体运动、空间距离等，这也是我们常说的要用第三只耳朵去听。所以，倾听过程往往伴随着观察（特定情景的观察）（图3-3）。听听客户的声音，或许会有不同的发现。

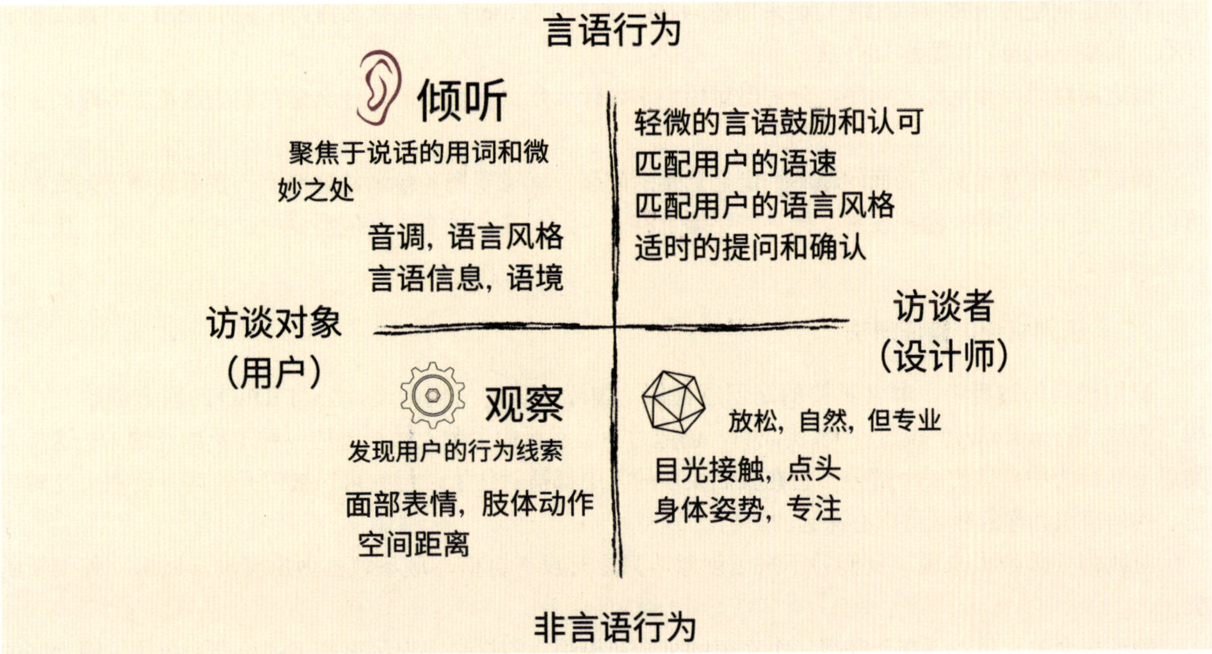

图 3-3 倾听

5W1H 法是常用的访谈工具，其思考方法如下。

（1）是什么（what）：什么目的，做什么工作？
（2）怎么做（how）：如何提高效率，如何实施？
（3）为什么（why）：为什么这么做，理由和原因是什么？
（4）何时（when）：什么时间完成？
（5）何处（where）：在哪里做，从哪里入手？
（6）谁（who）：谁来做，谁负责任？

3．沉浸法（工具：角色扮演）

只有成为客户才能更好地了解客户，才能真正从客户的视角出发。和客户一起参与到任务中，体会感知客户的一切，进而发现客户的需求。尤其有时人们很难表达潜在的需求和愿望，他们可能没有正确的语言来捕捉并表达它们。即使他们能用语言诉说，依旧会没有准备好谈论他们的处境带给他们的感觉。他们不希望被误解或暴露自己脆弱的一面。这时，沉浸式体验就是了解用户需求，验证识别商机的适当方法。

所谓沉浸法就是角色扮演，沉浸在用户的场景中，并且感同身受地体验用户正在经历的场景，我们的洞察力就会更敏锐，我们对用户的感觉就更敏感，对用户的情绪状态就有更进一步的了解。因此，我们能够清楚地表达用户的感受，并提出问题，让用户在情感层面上感到理解。这使得用户可以信任并更愿意通过产品分享自己的想法。

比如当你的产品或服务对象是老年人时，可以用透明胶将自己的手指、肘部、膝盖缠绕上，这样生活一天，或者仅仅就剥个橘子，真正体会一下老年人的身体状态和感受。

三、确定问题，识别机会

（一）确定问题（工具：UNI）

确定问题即分析收集到的需求，以人为中心，提炼要解决的问题。Uber 打车就是发现人们在夜晚很难打到车为需求点发明一个软件来解决。

在确定问题时通常可以用一句话来描述问题：谁（用户 user）？有什么需要（需求 need）？我发现了什么（洞察 insight）？简称 UNI 法。

确定问题时要排定优先顺序，分辨出对用户来说什么是真正重要的，什么是我们应该花更多时间去投入的。

确定问题非常重要，表面问题不一定是真实的问题。就像要把一幅画挂到墙上，找不到锤子怎么办？可以用其他工具代替，深挖发现，他只需要墙上有一个洞，其实更本质是他需要把画挂墙上即可，用什么方法不重要。

（二）识别机会，验证想法

识别机会的过程中，非常重要的是创意自信。国际上著名的创新设计公司 IDEO 的联合创始人，汤姆·凯利（Tom Kelley）说过："事实证明，创造力不是幸运的少数人才享有的一种罕见的礼物——这是人类思维和行为中自然的一个部分。它在我们太多的人中都被封住了，但它可以被解开。解开创意火花对自己、你的组织和你的社区可以有深远的影响。"

对我们大多数人来说，我们并不缺乏创意，只是有没有自信，敢不敢去做出突破，做出一种创新的尝试。

验证机会时，重点不在于获得一个完美的机会和想法，前提是想出尽可能多的机会和想法，因为好的机会和想法产生于多的机会和想法。

奔驰法（SCAMPER 法）可以帮助创业者识别、验证与筛选机会。SCAMPER 由英文中的七个单词或短语的首字母构成，见表 3-2。

表 3-2　SCAMPER 法

单词	内容	举例
substitute 替代	包括成分、材料、人员的替代等	咖啡在商场或者专卖店卖，问还有哪些地方可以卖咖啡，而且卖的方式和传统不一样？于是有了卖社交空间的星巴克。 原来的摄影底片是玻璃的，问还可以找到其他材料吗？于是柯达发明胶卷。 问还有什么能替代计算机？于是智能手机应运而生
combine 合并	包括混合，与其他功能的整合等	材料组合：比如匈牙利科学家将水泥和纤维组合得到透光混凝土。 单元组合：比如将照相机、手机、收音机等组合就是现在的智能手机，将智能手机和刮胡刀组合就是男士智能手机，将医用透视机器和手机组合就是家庭医用器械手机。 创新组合：将胶片和使用新胶卷的照相机组合得到新的相机，将智能手环和咕咚运动组合得到健康医生。 目的组合：将汽车和飞机组合得到会飞的汽车。 产品组合：将传感器和记号笔两者结合发明出电子画笔，这样在远程教学中，你在白板上面画任何图形都可以传达过去并且远程看到。 资源组合：将汽油、天然气、太阳能结合获得混合动力节能汽车
adapt 借鉴	从其他行业或者个人能借鉴什么	行业借鉴：从主动销售搬到银行，就有了集团销售部门和私人银行；将 DELL 模式借鉴到汽车，就有了 Mini COOPER。 创意借鉴：从人力资源外包到 IT 外包、生产外包、服务外包，现在已经有完整的外包产业链，再到云技术的出现，几乎就是服务外包到网上。 模式借鉴：从在网上可以销售书籍的亚马逊，到电子商务、电子银行、阿里巴巴的余额宝等，很多实体企业转向了线上企业。 行为借鉴：从鸟会飞，到风筝，到滑翔机，到飞机，从带齿的草划破手到发明锯齿，这些都是从日常行为中获得的借鉴

续表

单词	内容	举例
modify 调整	包括放大、缩小，调整形状、规模等	外形改进：乔布斯将计算机操作系统由文字改成图像，就有了视窗和苹果触摸界面。 功能改进：从袖珍游戏机到电视游戏机再到QQ游戏。 方案改进：销售卖产品，会强调产品的功能，这样经常会打价格战，为了避免价格战，可改为提高附加值，比如通过增加服务。 功能增加：手机集成了照相机、电视机、医疗器械、收音机、计算机的功能，如果电视机、照相机不创新，就可能被淘汰。 强度增加：比如西瓜不易运输，于是发明了方形薄皮耐压的西瓜。 市场增加：4G和云技术使手机、企业、用户都发生重大变化，O2O的出现，使得很多的国际化产品直接销售到国外。 用途增加：眼镜框成为年轻女孩的装饰品，手表不仅可以看时间，还可以是一种奢侈品，成为财富的象征。 价值增加：脑白金变成礼品，苹果变成奢侈品
put to other uses 挪用	挪作他用或者改变意图	转换用途：比如苹果，本身可以榨汁再贩售，也可以变成圣诞礼物，或者名人签字拍卖。 变废为宝：葡萄核本身没有价值，后来人们发现它可以美容，结果价值突然变高。 寻找利用：废弃的打箱带编织成菜篮子，卫生纸的纸筒扎起来装各种充电线，废弃包装做成艺术品和装饰品。 多种用途：如出海游用避孕套装手机、照相机，可以让物品不会进水
eliminate 删除	包括简化，去掉部分功能或特征，凸显核心功能等	变小创新：巨大的录音机变成随身听，再变成MP3。 淘汰创新：计算机从大键盘变成黑莓小键盘，再到语音键盘，再到触摸屏幕。 忽略创新：滑水需要驾驶员，能否忽略驾驶员而发明自驾划水船？ 简化创新：宇航员的衣服很重，能否发明一种保温涂料，涂抹在宇航员身上，实现保温，还可以减轻质量。 拆分创新：蓝纳克斯将非常昂贵的精美瓷器分部分出售，新娘结婚时，可以让不同的朋友购买瓷器，客人只要讲清楚新娘的名字或者是代号，就可以买到瓷器的某个部件，这样每个人都不会花费太多，新娘还可以得到一套瓷器；卖肉的时候，大家将鸡鸭按部位售卖，不但方便购买，还提高销售的收益。 减少创新：手机功能太多老年人不会使用，就发明了只打电话或者功能比较简明、铃声更大、字号更大的智能手机老人模式或者老人手机
rearrange 重组	包括里外对换、上下颠倒、逆转、重组等	通过问部件流程是否可以重组等问题实现创新。如何重新排列可能会更好？我可以交换这些部件吗？ 七巧板可以拼出成千上万的图形…… 互联网和银行重组诞生了互联网金融。 线上和线下重组诞生了O2O。 照相机和不同的镜头重组构成了不同的相机。 比如，反过来会怎样？我们能否将正反面调换？调换之后结果会怎样？ 不要问为什么做错了，而是问你做了什么。比如，杜康之子做酒的时候由于失败，结果发明了醋。别人白天都在耕地，如果晚上耕会如何？结果发现晚上耕地杂草减少了。 高档衣服要干洗，成本很高，如果不干洗呢？结果发明了去皱去味设备

应用 SCAMPER 法识别机会、验证想法，以如何改进手机为例，如图 3-4 所示。

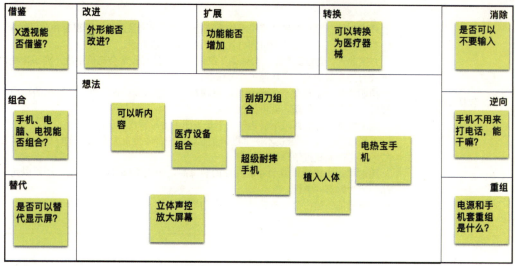

图 3-4　如何改进手机

第二部分　实训操作

一、实训主题

运用商业画布模型，验证创新创业的想法。

二、实训目标

熟练掌握与运用商业画布模型。

三、实训准备

（1）将空白的商业画布打印或画在白板上，每个模拟创业团队一份。
（2）各团队讨论并确定一个企业想法。

四、实训内容

学习用户洞察环节、用户使用场景的思考，通过融入对客户的理解，描述具体、独特的途径，加深对商业模式及其必要调整措施的理解。

五、实训流程和要求

实训流程和要求如图 3-5 所示。

任务三流程图

流程	工具/表单	学员/模拟公司创业团队	教师/创业指导师
确定创业想法	1.A1纸 2.彩色水笔	在A1纸上画出商业画布九宫格模板	把握实训任务进度，关注各创业团队确定的创业想法构思，帮助解决疑问
验证想法	商业画布模型	1.团队讨论确定的创业想法，在空白的商业画布上进行描绘并讨论各要素，帮助理解和分析； 2.运用商业画布模型的工具方法验证想法构思	观察各创业团队对商业画布模型的掌握程度，适时进行辅导
形成商业画布	1.A1纸 2.彩色水笔	研究和分析商业模式设计活动的九项要素，对商业模式即将演进的背景环境有良好的理解，需要注意的事项有：绘制评估当前的模式、跳出现状看问题、不局限于当前的客户群体和区域	组织和引导各模拟创业团队商业画布的形成，进行辅导
确定商业模式	商业画布模型	1.根据小组讨论反馈，调整和修改商业模式，关键在于创造和坚持大胆的创新商业模式，需要注意的事项有：避免对大胆想法的遏制、所有团队成员参与设计、避免聚焦短期利益； 2.模拟实施商业模式，验证可行性； 3.各团队上台展示与发言	1.关注每一个团队的动态和进度，确保每个团队按时完成； 2.主持每个团队上台展示与发言，最后做点评
任务三评比与优化		团队对任务三的完成情况进行讨论、总结和回顾，看还有哪些方面需要优化	1.团队落实的步骤、成果、总结三项总分的平均分(25%)； 2.团队参与情况的平均分(25%)； 3."构思书"任务三部分的完成情况平均分(50%)

图 3-5　任务三流程图

六、实训平台操作

学员登录 http：//www.ningbochuangye.com 或扫描右侧的二维码进入宁波市创业培训教学管理服务云平台。登录自己的账号，输入自己的账号和密码，选择进入模拟公司创业实训评估书界面。每个人填写完成模拟公司创业实训评估书第四部分内容。

七、实训总结评价

（1）通过学习和应用商业画布模型，模拟验证市场的反应，调整和修改商业模式，创造一个新的商业模式。

（2）通过不断地评估商业模式和环境，以此来评价商业画布中九项要素对商业模式的影响。

如何提前做好风险管理　　任务四

第一部分　知识准备

一、风险管理的概念

创业的风险来自高度不确定性。不同领域的创新创业，一般的风险是常见的、可预测的，有些风险是人们的想法所独有的。如何管理风险，以消除或减少风险？做好风险管理，控制好局势，减少或消除一些风险，从一开始就是成功的关键。

二、创业中常见的六类风险

创业可能会面临的风险有六种：一是无法筹集到足够的资金；二是产品与市场需求之间的差距；三是不正确的团队；四是竞争对手；五是面临法律和监管方面的挑战；六是时机不对。

以上风险对应的危机：一是现金耗尽，无法筹集资金；二是产品不符合市场需求；三是用人错误的风险、创始人之间存在争议和分歧的风险，可能会失去优秀的员工，有丢失关键信息的风险；四是窃取创意的风险，知识产权（IP）保护受损；五是法律和合规风险；六是失去关键资源的风险。

三、常见风险的应对

1. 现金耗尽 / 无法筹集资金

（1）思考你有足够的现金来达到目标吗？
（2）思考有必要吸引新的投资者吗？
（3）在早期就开始和投资者交谈——投资决策需要时间。
（4）与多个投资者进行谈判，包括政府资助项目。
（5）了解投资者的投资标准。
（6）在接触投资者之前，一定要了解他们的做法。
（7）在获得投资后，开始思考并寻找下一个所需要的投资。

2. 产品不符合市场需求

（1）确保创造价值。
（2）确保解决真正的问题和需求。
（3）确保解决方案以合理的成本满足市场需求。
（4）进行客户调查并定期更新。
（5）调查客户需要什么功能？
（6）调查他们愿意付多少钱？
（7）调查他们有什么替代方案？
（8）与有痛点的人交谈，倾听并关注他们。
（9）与那些会从你的想法中受益的实体合作。
（10）避免市场排斥的风险。

（11）与目标客户测试你的解决方案。

（12）推出最小可行产品（MVP），并与客户进行试验。

3．雇用错误的风险

（1）初创公司的生存取决于创始团队的才能。

（2）缩小知识差距，扩大团队能力。

（3）雇用能带来技能和知识多样性的人。

（4）与技能互补的人合作。

（5）招聘团队成员时征求建议。

（6）在招聘之前，要确保新员工了解公司的环境（快速变化、不确定性、风险）。

4．创始人之间存在争议和分歧的风险

（1）关于金钱、方向、策略、合作伙伴等，一开始就准备好创始人协议，以确保未来的结构和所有权。

（2）签署一份法律协议——创始人协议，尽量减少关于权利的争议，包括所有权、责任、资产分配。

5．可能会失去优秀的团队成员、有才华的员工

（1）用"金手铐"增加员工的承诺和动力。

（2）给予关键员工股权，在几年内授予（授予）股票期权。

（3）在公司工作几年的员工，如果公司成功了，被授予持有公司股票的权利，享受成功和经济回报。

6．丢失关键信息的风险

（1）由于网络入侵、设备故障、员工被解雇、自然灾害（漏水、风暴、地震……）等风险，要有维持网络的安全措施。

（2）提供适当的物理安全性（限制访问，密码）。

（3）培训和教育团队/员工（建立意识）。

（4）确保在几个不同的位置保持备份。

7．窃取创意的风险——知识产权（IP）

（1）保护知识产权（IP）。与他人（投资者、合作伙伴、客户）分享你的想法时，当员工离开你的初创公司时，当竞争对手寻找你的秘密时，要注意保密（你和你的员工）。

（2）为应对他人通过法律手段窃取你的创新，应签订保密协议（NDA）、竞业限制协议（NCA）或申请专利。

8．法律和合规风险

（1）确保了解和理解政府的法律法规。

（2）咨询你所在行业的专业专家。

（3）参考当地和国家的指导和标准。

（4）获得发行。

创业思政小课堂

对于创新创业实践者而言，法律意识有着十分重要的意义，市场经济本质上属于法治经济，因而要想在市场经济环境中高效开展创新创业实践，就必须具备良好的法律意识与法律思维，自觉遵守相关法规政策的要求，尊重法律，学会应用法律保障自身正当权益，以此确保创新创业实践能够取得良好的实践成果。然而，根据相关调查统计结论，目前大部分大学生都缺乏对于企业创办法律流程与创业相关政策法规等方面法律知识的了解，法律意识明显不足，因而也缺乏应用法律武器防控创新创业风险的能力和素养，自然难以展开有效的创新创业实践。

拓展阅读：大学生自主创业法规意识

9. 失去关键资源的风险

避免失去重要客户和营销渠道、关键员工、关键供应商的方法如下。

（1）避免单一资源的集中。
（2）关键资源多样化。
（3）确保依赖多种资源。
（4）有后备计划和替代资源。
（5）培训员工互相换岗。
（6）监控竞争对手。

四、风险管理的总结

因此，风险是创新理念和业务中不可或缺的一部分，要想成功，创业者必须学习去接受那些不可避免的风险。然而，许多风险是可以管理和避免的。不要忽视这些风险，即使有些看起来不是很大的风险，但潜在投资者、客户和合作伙伴，可能会认为这些风险对他们来说太大了。

五、管理风险的一般做法

管理风险的一般做法：绘制流程并标出潜在风险，分析和了解风险水平，设定风险的优先级，维护和利用商业网络，与能帮助你的人建立关系，为你提供获取信息和投资者的渠道，帮助你找到有才华的员工、董事会成员和客户，介绍你认识服务商（如会计、律师等），在需要的时候使用专家和顾问（法律、监管、人力资源、市场营销、媒体）。

六、不断评估风险

可能会出什么问题呢？什么样的威胁会出现？会发生多少意想不到的事情？想想所有可能发生的意外事件，并准备解决方案。准备得越多，压力就越小，就能更快地解决挑战。

创业思政小课堂

创业者需要有职业精神，因此我们必须了解当代社会主义职业精神。社会主义职业精神由多种要素构成，它们相互配合，形成严谨的职业精神模式。职业精神的实践内涵体现在敬业、勤业、创业、立业四个方面。在全面建设小康社会，不断推进中国特色社会主义伟大事业，实现中华民族复兴的征程中，从事不同职业的人们都应当大力弘扬社会主义职业精神，尽职尽责，贡献自己的聪明才智。

拓展阅读：社会主义职业精神

第二部分　实训操作

一、实训主题

模拟创业团队在所确定的创业想法的生命周期里，识别和降低风险。

二、实训目标

帮助识别创业生命周期里的潜在风险，学习如何降低风险。

三、实训准备

（1）教师准备风险卡牌及内容。
（2）模拟创业团队事先讨论本企业想法的生命周期中可能遇到的各种风险。

四、实训内容

学习识别和规避在创业生命周期不同阶段可能遇到的风险，并讨论风险来临时的可行性措施。通过场景的融入，理解和加深对风险防范的意识。

五、实训流程和要求

实训流程和要求如图 4-1 所示。

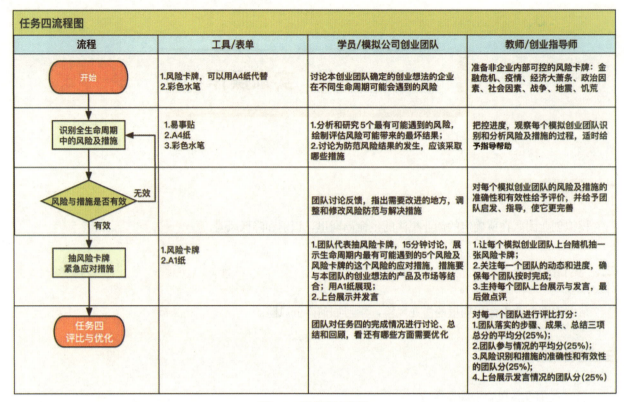

图 4-1 任务四流程图

六、实训总结评价

（1）了解创业不同阶段可能存在的风险及带来的后果，旨在建立风险意识。

（2）学习降低风险的方法，能采取明确有效的决策措施。

任务五 如何具备企业家（创业者）精神

第一部分 知识准备

一、企业家（创业者）面临的能力挑战

在创新的环境里，创业者需要有远见卓识，需要看到未来，还要有大局观，看到不同节点的里程碑，需要有条不紊，才能看到其他人看不到的东西。我们需要知道如何计划，如何有效地管理资源，需要具备以下能力来面对挑战。

（1）良好的沟通技巧，有能力解释目前还不存在的事情，向他人展示愿景。

（2）需要在许多领域发挥领导作用，并要求激励周围的人并劝说他们加入队伍。

（3）要让投资人相信你的愿景，说服他们投资并相信你可以提供的产品和服务。

（4）建立关系并激励潜在客户相信你的梦想，且说服他们支付和购买你的产品和服务。

（5）生命周期中有很多风险，你不但需要冒险，还要能进行风险管理，同时你需要有能力与风险共存。

（6）要有财务管理、日常运营及许多其他事务管理的能力。

二、企业家（创业者）应具备的特点和技能

当我们在创业中审视这个生命周期中的任务和活动时，我们会意识到需要很多能力。所以创业者应该对新想法持开放态度，并耐心地去验证与实现这些新想法。我们的客户、合作伙伴及相关专家都会给我们反馈，我们需要倾听并了解他们的想法，对其他想法持开放态度，因为有时这些想法很有价值。尤其是从投资者那里获得了一些基于潜在问题的分析或者是从潜在客户那里获得的见解。

（1）创业者应勇于面对挑战。在创业过程中会有很多挑战，这意味着我们只能选择喜欢它，笑对挑战，主动迎接挑战，否则只会搁置这些挑战。

创业者要有冒险精神，因为产生新的创业想法本身已经是有风险的做法了，何况整个创业过程中会有许多不确定因素，我们必须在面对这些风险时保持创业的热忱和冷静的头脑，以便获取正确的信息并做出正确的抉择。

（2）创业者需要有良好的社交能力。所谓的社交能力，就是在周围社交关系的基础上，能够获取到更多资源、更多信息。这些社交圈的人，可以帮助你介绍专家、介绍员工，可以让你接触不同的信息，帮助你找到目标客户。

（3）创业者要有能力合理利用科学技术。不仅仅因为这些创新想法会或多或少地与技术相关，而且所用的平台，以及所处的生态环境都会与技术相关。创业者不需要成为相关方面的专家，但是必须会合理利用科学技术。

（4）创业者要能够与不确定性共存。所有的不确定因素都需要被创业者当作现实情况来接受，并且要在这些现实情况的基础上做出决策。创业过程中很多步骤无法被把控，因此接受不确定因素也是非常重要的。你先有了创业想法，然后陆续开始投入资源、资金、人力等，此时你突然发现，在世界的另一个角落，有另一个人跟你有了相似的想法，并且他提出的解决方案可能比你的更方便、更快捷，成本更低。所以，我们必须要有全球化视野，并且以此来审视我们的创业想法。当我们审视全球市场时，可能会发现一

片不一样的天地，开拓一片不一样的市场。

（5）创业者要有沟通技巧和能力。因为创业者一开始向别人传达的都是理念与概念，除非有非常好的沟通技巧，否则很难让别人清楚地理解你想表达的概念，所以创业的沟通技巧和能力也是至关重要的。

（6）创业者要有较好的学习能力。创业者除了要具备创造力、自发动力、远见卓识、教育背景等，还有一项需要强调的能力是自学能力。当你进入创新创业这个过程中时，也就意味着进入了一个不断学习、发现、探索的过程。在实训工作坊的课程中，将帮助大家学会如何用一些方法培养出固定能力，如何促使我们成为一个积极的自学者。

创业思政小课堂

中国优秀传统文化中蕴含丰富的创新创业精神，其中"厚德实干、义利天下"的赣商精神值得我们学习、坚守和弘扬。

视频：赣商精神

三、如何学习企业家精神

1. 创业者精神可以学习吗？

人们经常会问：企业家是天生就会创业，还是后天学来的创业能力呢？我们能够学习这些能力吗？这个问题的回答是肯定的。是的，这个能力当然能被学到。这些关于创业创新的能力可以通过教学的方式被你学会，并且能够成功地使你也成为创业者的一员。这里我们强调的是，没有人天生就会上面所提到的能力，也没有人能够完全掌握提到的上述条件。

重要的是，我们可以学会一些能力，和他人合作，并且互相成就。比如，小米有7位联合创始人，腾讯有5位联合创始人。世界上有成千上万的成功企业家，他们对社会各有其贡献。我们不需要和他们有一模一样的成就，但我们需要向他们学习，被他们激励，希望能够做出和他们一样的成就，但是即便是我们没有做出如此成就，也是没有关系的。事实上，大多数成功的企业家可能不会像他们一样成功。但是我们要学习的是：在这些企业家初步开始创业的时候，他们也和其他人一起合作，互相学习，彼此成就。因为没有一个人是全能的，需要和其他人进行联合，互相学习及合作。

创业思政小课堂

宁波拥有中国最大的男装生产基地，凝聚了众多中国名牌服饰，支持着百年时尚的"宁波装"的原动力正是有着悠久历史的"红帮裁缝"。红帮精神指的是一种创新的、海纳百川、吐故纳新的精神。这也是我们创业者需要学习领悟的企业家精神之一。

视频：红帮精神

2. 需要学习的企业家精神

当我们问到企业家（创业者）精神是否能够被学会，一定要记住：企业家不是一个名号，而是一种精神。我们想要用我们的想法去改变世界，做出影响；我们想要进入具体的领域，攻克相关方面的难题。所以我们需要学会许多相关的能够使我们达成上述目标的能力。

还有一点，通常情况下，这些创业者都有一个我们需要学习的特点：他们善于冒险，也会犯错和失败。但是通常情况下，他们从中学习失败的经验，不断改进，不断提升。所以，他们不怕冒险，不怕失败，也不怕不断学习。

四、如果你不是自己创业，如何为企业内部创业

企业内部创业，就是在企业内部的基础上进行创业活动。往往是在现有的企业内，个人或工作团队，在管理层的支持范围内进行。他们被鼓励产生创新想法，这些想法可以转化为帮助企业获得竞争优势的产

品和服务。企业内部创业者受雇于所在企业，不成立新的企业，但他们产生为企业再次开拓创新理念的新思路，以增加企业的价值。内部创业者一般不需要独立承担创业的巨大风险。如果成功的话，企业会根据这项新发明、新技术建立新业务部门。有时，企业还会考虑基于这项新发明创建新的初创公司，并且有时会让提出这个想法的员工做新公司的管理层。举个例子，"小米"非常重视构建内部创新创业的生态系统，鼓励员工产生创新想法，并资助员工内部创业，创建独立的公司，形成了一个孵化科技初创企业的生态链。

（一）如何培养内部创业精神

如何培养内部创业精神，从而使员工更容易接近企业管理层，并提出他们的创新想法？公司组织来自不同领域的员工进行头脑风暴会议，以获得多个视角，鼓励多元化的成员进行团队合作。公司允许员工学习和探索新事物，并在职责范围之外成长，为他们提供培训和教育，教员工如何创造新想法、表达新想法。公司为员工提供一个安全的环境来评估和检查风险，给员工认可、鼓励、赞美，适当时给予经济上的奖励，和员工分享成功。确保内部创业的员工会得到公司的鼓励，而不是认为失败了就会受到惩罚。

创业思政小课堂

近些年，"中国制造""中国创造""中国精造""工匠精神"已成为决策层共识，写进政府工作报告。时代发展，需要大国工匠，迈向新征程，需要大力弘扬工匠精神。创业者也需要有工匠精神。

视频：工匠精神

（二）如何发起公司的内部创业

1. 自学

了解公司的目标、战略和方向、产品、过程、客户、挑战；了解市场和竞争对手；了解趋势；能够了解全局固然是好的，但你不需要知道所有的事情，可以专注于特定的领域，并在一个小领域做出贡献。

2. 绘制公司供应链流程图

我们有一个建议，可以采取一种全面流程图的方法，也就是从公司的供应商到客户，在这两者之间的所有东西可以让我们有一个大致的了解。

接下来，你可以聚焦一个有限的焦点和特定的领域，一个过程、一个产品、一个改进的方法，把所有的活动、资源及时间费用成本等都加到流程图上。

如图5-1所示是一个综合银行的全面流程图。从中我们可以看到有很多流程，包括供应商、设施、设备、操作、流程、人力资源、合作伙伴、客户。我们需要添加到流程图的内容，包括不同过程所需的活动、资源、持续时间、成本。

3. 提问

这张流程图可以让我们识别机会。看着这张图思考：瓶颈在哪里？在哪些方面可以降低成本？问题在哪里？有什么可以改进的？我们如何增加价值？

4. 确定

（1）识别改进的机会：瓶颈、低效、浪费、痛点。

（2）思考解决方案：验证可行性和商业模式。

（3）分享和收集反馈：获得关键领导的初步支持。

（4）指出增加的价值和对公司的贡献：撰写问题陈述、提出解决方案、价值主张。

（5）向公司决策者/管理层提出解决方案：演示、PPT、报告、商业计划。

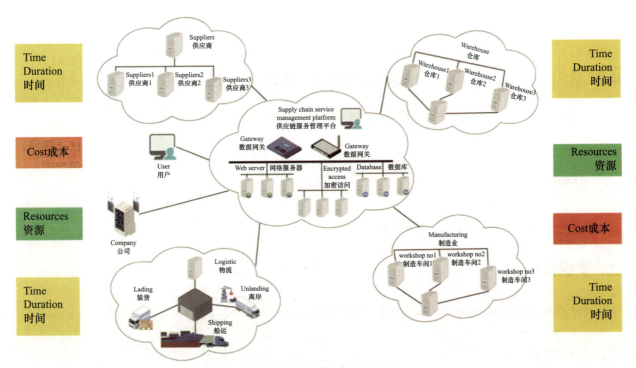

图 5-1 综合银行的全面流程图

第二部分　实训操作

一、实训主题

识别企业供应链流程图中的问题和改进机会。

二、实训目标

通过了解企业供应链流程图，学会查找问题和改进机会。

三、实训准备

（1）模拟创业团队准备本企业想法的供应链流程图，或找一家企业的供应链流程图，并打印或画在白板上。

（2）创业指导师扮演 BOSS，将对所有模拟创业团队提出的供应链流程整改方案与措施进行评估，决策是否提供支持与投入。

四、实训内容

学习识别供应链流程图上的改进机会，思考：瓶颈在哪里？哪些方面可以降低成本？可以改进的地方在哪里？如何做增值？然后，描述具体、独特的措施，加深对内部创业的理解。

五、实训流程和要求

实训流程和要求如图 5-2 所示。

任务五流程图			
流程	工具/表单	学员/模拟公司创业团队	教师/创业指导师
供应链流程图	供应链流程图,打印或A1纸手画	准备本团队模拟创业想法的企业供应链全面流程图,也可以准备成熟企业的供应链流程图,计划通过供应链流程的改进,获得BOSS的支持或资金、设备或人力的投入	扮演所有模拟创业团队的BOSS,在各团队提出供应链流程改进节点需要资金、设备或人力投入时,决策是否投入
识别改进机会及解决方案	1.易事贴(做标签用) 2.彩色水笔	1.讨论识别改进的机会,包括瓶颈、低效、浪费、痛点等; 2.思考解决方案,验证可行性和商业模式	观察各模拟创业团队的完成效果及进度,适时给予指导
模拟实施改进措施		1.模拟实施,分享和收集反馈,获得BOSS的初步支持; 2.指出增加的价值和对企业的贡献,包括问题陈述,提出解决方案、价值主张	1.以BOSS的身份对各模拟创业团队的方案与措施进行评审,提出问题,帮助完善措施; 2.为每个创业团队预备可以展示A1纸张贴的墙或黑板; 3.课桌以岛形布置为宜
成果展示与发言	团队共同完工的供应链全面流程图(A1纸,附改进措施)	上台展示(A1纸)并发言,信息包括: 1.提出的解决方案或商业计划(必要时做PPT演示); 2.希望获得BOSS的支持与投入	1.关注每一个团队的动态和进度,确保每个团队按时完成; 2.团队上台展示与发言后做最后的点评; 3.课桌以岛形布置为宜
任务五评比与优化		1.团队对任务五的完成情况进行讨论、总结和回顾,看是否还有哪些方面需要优化; 2.讨论为什么获得了BOSS的支持/投入,或为什么没有获得BOSS支持/投入	对每一个团队进行评比打分: 1.团队落实的步骤、成果、总结三项总分的平均分(25%); 2.团队参与情况的平均分(25%); 3.供应链流程图及措施的质量分(25%); 4.是否获得BOSS的支持/投入的程度(25%)

图 5-2 任务五流程图

六、实训总结评价

(1)解读和寻找企业供应链流程图中的问题或改进机会。

(2)掌握内部创业的基本方法。

结束语

我们一起来回顾和总结，希望能从学习中总结出这七个要点。

第一，你真的产生创新创业想法了吗？你做好创业人生设计了吗？情况分为两种，一是仅仅产生想法，二是付诸行动，把它带到市场，造福人类。

第二，产生一个想法，验证它的可行性和业务可能性。

第三，通过验证可行性和业务可能性，确保你创造了价值主张，给别人带来了价值，让别人受益。

第四，你将采用终身学习的方法，每天都会提高技能，增加你的知识。

第五，希望你从学习中检验，有可用的工具可以使用。在其他许多地方也有使用工具和方法，你可以使用它们并向他人学习，接受新思想。

第六，希望学会评估风险，以便创新创业。同时，希望你敢于冒险，不惧怕失败，目的是让这个世界变得更美好。

第七，明智地管理风险，不要为了勇敢而设定风险，而是在分析风险之后，看看不同的选择。

希望你在这里学到的工具、方法和信息能对今后的工作有所帮助。人人都可以参与创新创业，每一个人、所有行业都有机会，希望你有远大的理想，并且享受这段奇妙的创新创业之旅。

附 录

附录1　教学课表

附表 1-1 为宁波模拟公司创业实训学员班课程表。

附表 1-1　宁波模拟公司创业实训学员班课程表

时间	课时	教学单元	教学内容
	2	理论教学	破冰、导论创业认知
			第 1 课　创新创业常见的限制性信念
	2	理论教学	第 2 课　创业及创业生涯设计的四大理念
	2	理论教学	第 3 课　创业生涯设计
	2	模拟实训	第 4 课　创业生涯设计
	2	理论教学	第 6 课　如何产生创新创业的想法
	2	模拟实训	第 7 课　如何产生创新创业的想法
	2	理论教学	第 8 课　如何验证和筛选创新创业想法
	2	模拟实训	第 9 课　如何验证和筛选创新创业想法
	2	理论教学	第 10 课　如何提前做好风险管理
	2	模拟实训	第 11 课　如何提前做好风险管理
	2	理论教学	第 12 课　如何具备企业家（创业者）精神
	2	实训考核	第 13 课　完成模拟公司创业实训评估书

附录2　模拟公司实训操作手册

一、模拟公司实训操作方法

（一）以模拟创业团队为单位展开模拟公司创业实训，完成本手册中的所有实训任务。

（二）组建实训团队，每个团队 4～8 人；每个团队每周至少集中讨论一次实训情况；制定团队实训细则及奖惩措施；预测团队在实训过程中可能遇到的问题，并提出可行性解决方案。

（三）按实训流程，每个模拟创业团队首先确定企业想法，再具化成模拟创业公司，所有实训任务均围绕该创业公司进行。

（四）实训综合成绩主要由以下四项构成。

1. 团队实训步骤、实训成果、实训总结三项总分的平均分（25%）。
2. 团队参与情况的平均分（25%）。
3. 每项任务的实训操作完成情况的平均分（25%）。
4. 每项任务的实训资料完成情况的平均分（25%）。

二、教师使用须知

（一）根据《模拟公司创业实训之评估书》课程的授课时间及结课时间，合理启动各实训任务。

（二）每隔一周要对各个团队的实训任务进度进行了解，当学生出现疑惑时，及时帮助解决。

（三）每个实训任务完成后，安排各团队中的不同成员进行汇报展示。

（四）总结优秀团队的合作方法和合作心得，以供其他团队学习。

（五）本手册也可作为最终结课成绩册。

附表 2-1 用于任务一实训操作部分，附表 2-2 用于任务二、三、四、五实训操作部分，附表 2-3 为模拟公司实训评价。

附表 2-1　组建模拟公司实训团队（用于任务一实训操作部分）

模拟公司创业团队

团队/模拟公司名称：_____

队　　　长：_____

团队成员：_____
_____

团队成员实训守则：_____
_____

团队实训的企业想法：

"创业者"画像：

一句话表述模拟公司的产品、客户、核心竞争力：

实训中遇到的问题：

解决方案：

附表 2-2　模拟公司实训报告（用于任务二、三、四、五实训操作部分）

报告题目：_____

报告人：_____　报告日期：_____

一、实训步骤

二、实训成果

（一）数据资料

（二）数据分析

三、实训总结

（一）实训成果总结

（二）团队合作情况

（三）个人成长汇报

附表 2-3　模拟公司实训评价

评价标准	分值	团队自评分	团队互评分	教师评分
团队实训步骤、实训成果、实训总结综合情况	25 分			
团队全员参与情况	25 分			
每项实训操作完成情况	25 分			
每项实训资料完成情况	25 分			
总分				

附录3 模拟公司创业实训之评估书填写示例

附表 3-1 为模拟公司创业实训之评估书。

附表 3-1 模拟公司创业实训之评估书

一、培训基本情况	1. 参加培训日期：　　年　　月　　日—　　年　　月　　日		
	2. 每日培训时间：□全天 / □半天 / □其他：每天　　课时		
	3. 培训机构：		
	4. 培训地点：		
	5. 主讲授课讲师：＿＿＿＿＿＿＿＿＿＿　其他讲师：＿＿＿＿＿＿＿＿＿＿		
二、个人情况	基本信息		
	6. 姓名：		7. 联系电话：
	8. 专业：		9. 所在院校：
	10. 360 度创业能力 AI 测评分析（附测评报告）：		
	11. MBTI 创业生涯规划测评类型：		
	12. 偏好的创业领域：		
	13. 偏好的创业岗位：		
	14. 创业能力维度（截图）：		
	15. 自我评价结论（可附措施）：		

续表

三、职业生涯设计（16. 优秀简历模板示例）
姓名
联系电话：　　　　　手机号码：　　　　　性别：　　　　　年龄： 电子邮箱地址： 目标工作职位名称 相关经验 　　　公司 1 名称：　　　　职位名称：　　　　任职时间： 　　　　　　◆关键事件 1（如：了解了……） 　　　　　　◆关键事件 2（如：掌握了……） 　　　　　　◆关键事件 3（如：参与了……） 　　　　　　◆关键事件 4（如：策划了……） 　　　公司 2 名称：　　　　职位名称：　　　　任职时间： 　　　　　　◆关键事件 1（如：完成了……） 　　　　　　◆关键事件 2（如：创办了……） 　　　　　　◆关键事件 3（如：增强了……） 　　　　　　◆关键事件 4（如：获得了……） 教育背景 　　　院校名称：　　　　专业名称：　　　　就学时段： 主修课程 　　　　　　列举与应聘职位相关的课程名称 获奖情况 　　　◆奖项 1： 　　　◆奖项 2： 　　　◆奖项 3： 　　　◆奖项 4： 技能证书 　　◆专业技能：与应聘职位相关的技能证书 　　◆英语技能：英语证书 + 级别 　　◆计算机技能：计算机证书 + 级别，善于……列举擅长使用的软件 兴趣爱好 　　　　　　可列举与应聘职位相关或有一定水准的兴趣爱好

四、已选定的创业构思	
17. 你的企业想法（简要描述具体的经营行为）：	
18. 所属行业：□贸易 / □制造 / □服务 / □农林牧渔 / □其他：_____	
构思 要素	19. 销售什么产品（或服务）：
	20. 向谁销售：
	21. 如何销售：
	22. 价值主张：

续表

产生	23．通过何种方式产生了该创业构思？ □ BS 头脑风暴法　　　□ PBL 问题导向法　　　□ TOC 约束理论 □ CPI 持续过程改进法　□ BMC 商业画布　　　　□ 自带项目参加培训 □ 其他：_____	
筛选 与 分析	24．为筛选和分析该创业构思，做了哪些实际调研？	
	25．对该构思所做的 SWOT 分析：	

SWOT 分析
企业想法：_____

企业内部	
优势	劣势
_____ _____ _____	_____ _____ _____

企业外部	
机会	威胁
_____ _____ _____	_____ _____ _____

SWOT 分析
个人生涯设计想法：_____

个人（内部）	
长处	短处
_____ _____ _____	_____ _____ _____

职业（外部）	
机会	威胁
_____ _____ _____	_____ _____ _____

创业导师的审核意见：

审核评分：
审核人：　　　　　　　审核日期：　　　　年　　月　　日

附录4 宁波创业者案例

宁波创业者案例

【创业品牌】小匠物联：发现有效需求是创业的起点
【创业者】米雪龙
【提示阅读】

创业过程中，如何找到真正的市场需求，并为此提供解决方案，是实现从0到1的关键。小匠物联在历经碰壁和自我否定之后，在与需方的反复碰撞中找到了市场上真正的需求点，并将自己定位为家电和家居产品智能物联方案的提供者，利用自己的技术优势构建起了商业模式。借着物联网应用大规模普及这个风口，小匠物联顺利实现了从0到1的起步。

【关键词】需求、解决方案、定位

如今，"万物互联"已经成为社会广泛认可的共识。但是万物互联跟谁联、怎么联成本最低、应用最简单、联了之后能带来什么新的增长点？这些都是各行各业在实现智能物联过程中必须面对的问题。

宁波是家电、小家电、生活消费类家居产品的全国三大制造基地之一，至少有4 000家的电子电器类制造商。这些制造商如何实现智能物联，小匠物联的创始人米雪龙在第一个创业项目自我否定之后开始寻找新的项目，在慈溪这个中国传统家电最大的制造基地发现了新机遇，并在实践中发现了创业的新起点。

发现有效需求

找到市场真正的需求点，才能让创业项目接地气、有发展。而小匠物联创始人米雪龙是在一次一次与慈溪及其他区域的家电、小家电和智能家居制造商的沟通中，发现自己能够满足的需求的。

那么，对于万物互联、智能物联来说，家电、小家电、生活消费类家居产品制造商的需求是什么呢？小匠物联开展了深入调研，发现宁波及周边的家电、小家电、家居产品制造商目前对智能物联的需求很迫切，但缺乏手段和能力。其基本特点如下：

一是迫切希望开发智能物联的产品。

宁波家电企业主要集中在慈溪、余姚一带，主要的产品是洗衣机、冰箱、电水壶、电吹风、取暖器、电风扇、饮水机、净水器、吸尘器、空气净化器、电熨斗、豆浆机、榨汁机、按摩器、电动健身产品、吸油烟机、灶具、消毒柜、热水器等，还有一些接线板、插座开关等电子电气产品。可以说是五花八门，样样都有。

面对市场上开始涌现的各种智能物联产品，如智能控制、远程控制、无线遥控、数据管理等各种新产品，宁波家电制造商也迫切希望能够搭上智能物联时代的"班车"，家电业与智能物联、人工智能结合已经成为行业发展共识，需求十分迫切。如2018年7月19日，中移物联网平台执委会沙龙之"中移和物"智能家居行业交流会在慈溪举办，现场就来了100多家企业，整个会场座无虚席。2018年9月12日，宁波市经信委还专门组织制订"宁波市智能家电（家居）产业三年行动计划"，指出当前云计算、大数据、人工智能等新一代信息技术与传统家电产业深度融合，推动家电行业加快智能化转型成为物联网应用新风口，家电产业是宁波最具优势和特色的支柱产业，通过三年智能行动攻坚，把宁波打造成国家级智能家电产业创新中心，推进智能经济发展。2018年10月29日—31日，宁波市家电行业协会专门邀请中国家用电器协会在宁波举办2018年中国家用电器技术大会，共同探讨在人工智能+物联网时代家电产业的技术发展趋势，家电行业近 700 名研发精英都赶来参加。尤其是小家电产品的智能化课题，大会专门设置了一个分会场进行研讨，会议现场座无虚席。

二是缺乏智能物联的专业技术人才和解决方案。

尽管宁波厂家迫切需要产品升级，推进家电、小家电、家居产品智能网联化已成行业共识，但从现状来说，宁波还缺乏能够一炮打响的智能网联的家电、小家电和家居产品，这主要是因为在宁波家电、小家电和家居产品行业，除一些龙头企业外，大部分企业缺乏智能化产品的技术人才和解决方案提供商。

宁波家电等行业的厂商大部分都是外贸加工厂，以接别人的订单为主，强项在于以较低成本进行生产制造，以传统的生产型工厂居多，大部分企业缺乏智能化、物联网方面的研发人才，自主研发创新能力相对较弱，对前沿技术的研究、追踪、创新和应用开发非常薄弱。整个宁波家电、小家电和消费类家居用品行业，也缺乏针对性的智能物联解决方案和应用产品。

智能物联在国内甚至全球来说，其应用的成熟仍然需要大量的探索和创新，而这需要创新人才去研发。这类创新人才，既要懂行业技术，还要懂智能物联的技术趋势，在宁波甚至在国内也一样匮乏。

小匠物联经过与家电厂家的深入接触，发现在推进家电、小家电和日用家居类消费品智能化、物联化的过程中，有着大量的需求得不到有效的满足。这也为其创业项目转型提供了机遇。

小匠物联的解决方案

针对这种需求，小匠物联设计了一整套家电智能物联的解决方案。

智能物联整体解决方案涉及平台搭建、技术开发、场景应用、操作系统等，比较复杂。小匠物联经过了大约 1 年时间的准备和开发，终于形成了一套可以标准化的、应用到各种行业的服务方案。

这套解决方案有如下关键点。

一是提供通信方案，解决传统家电、家居类产品数据上网的问题。

传统的家电、家居产品因为缺乏通信模块，无法实现数据传输。这需要专门收集、传输数据的智能物联通信模块。为此，小匠物联专门研发了高效率、高技术的智能物联网通信模块。

小匠物联研发的物联网通信模块具有云计算和雾计算双套计算逻辑，设备数据和计算依靠本地设备端实现（雾计算）；数据存储和远程命令依靠和物云实现。控制和计算分开实时，更安全。也就是说，在没有互联网的条件下，在局域网内也可以实现智能操控。

这个物联网通信模块，可根据需要，为市场提供定制开发的 Wi-Fi 模块、蓝牙模块、GPRS 模块、NB-IOT 模块等，为合作伙伴搭建设备互通的桥梁。小匠物联可接入的设备种类已超 20 种，目前这些设备已分布在欧美 20 多个国家和地区。产品产品开发周期短，每个产品开发周期 7～15 天即可完成开发，这种能力可以说是出类拔萃。

二是搭建云平台。

小匠物联与国内的阿里云、中移物联网平台、微信硬件平台、米家、国外的亚马逊 echo、苹果 homekit 等国内外平台开展合作，建设小匠物联云平台，可以根据客户需求接入不同的物联网平台，帮助用户在全球部署产品服务，最大限度地协助客户推广。小匠 SaaS 云平台可以提供复杂海量数据收集、存储与计算、机器学习模型训练与预测、专家知识库与规则引擎等人工智能技术，提供家庭全场景智能化服务及升级顾问服务，其具有行为学习、节能、设备互联、远程控制、工作模块、数据分析、内外分析、在线升级、设备自检、用户画像、设备分布、定时等，功能非常完善。今后还将具有人工智能自学习的功能。

三是提供一站式服务。

小匠物联能够为相应的产品类别提供智能物联从产品设计到上市后维护的全程服务和运维服务，并有成套的解决方案。从取暖器、空气净化器、智能净水器、智能加湿器、智能吸尘器到智能跑步机、智能动感单车、智能体重秤、网关、智能灯、智能插座、智能按摩椅等，都能在制造商早期研发时进行介入并提供方案。嵌入式的服务使得制造商无须另组智能化团队进行专门研发，在加速制造商智能化的同时降低了其成本。

这个完善的解决方案，较好地吻合了宁波家电家居厂商对产品智能物联化的需求，有效助推制造商迈向智能物联时代。

【知识点】

有效需求与无效需求

创业者如何针对市场需求发现创业机会？这是创业出发时至关重要的问题。创业者要区分哪些需求有广阔的市场，容得下伟大的梦想，值得去投入。在这方面，小匠物联可以说是一个典型的案例。

小匠物联创始人米雪龙在创业之初是要开发一款智能久坐检测仪。这个项目当初的灵感来源，是米雪龙在工作中发现很多工薪族尤其是长期在计算机前开展工作的软件工程师、设计师、程序员、文秘等，都会有腰酸背疼的感觉。针对这个市场，米雪龙就想到了开发一款"久坐检测仪"，这个设备可以在工作人员久坐后进行提醒，使其有针对性地开展一些放松状态的工作。为此，米雪龙投入100多万，花了1年多的时间成功开发了这款产品。2015年11月，米雪龙参加宁波大学生创业大赛，在最后的决赛阶段，现场没有一个评委为他举牌。评委们认为，尽管久坐检测仪针对了痛点，但仅仅一个提醒功能，是无法得到市场认可的。这个点评也让米雪龙陷入了沉思："这款花了一年多时间研究的久坐仪，会不会是个伪需求？因为好像只要一个闹钟，也能解决这个问题。"

其第二个创业项目——家电和家居产品智能物联网解决方案，则通过调研很好地发现了家电家居行业庞大的市场需求，并且针对性地提供了完善的解决方案，使其能够完成"从0到1"的跨越，迈出了走向成功的第一步。

那么，如何区分需求的真实性，又如何来判断这个需求能够支撑你的创业项目能有一个美好的前景呢？基本的判断方法有三步。

一是要进行市场调研。

创新的产品和服务是否真的符合市场需求，需要倾听目标用户的想法而不能坐在办公室里凭自己想象。创业者无论条件如何艰苦，又无论对自己的产品和服务多有信心，都需要与目标用户见面，听取他们的想法和建议。

在经过市场调研后，创业者还可以召集团队或朋友开展头脑风暴，根据调研情况开展项目的可行性分析，以确定创业者所发现的需求是不是有效需求，能够为市场所接受。

二是要分析市场规模。

在确定需求的有效性后，还要判断该需求所潜藏的市场有多大，能不能让创业项目持续走下去。要分析满足该需求的群体有多大，消费的频次有多高，能产生多大的市场规模。假如该需求所潜藏的市场很快就触碰到"天花板"了，那也不值得创业者为之持续奋斗。创业者应该优选那种服务人群庞大、消费频次高的需求点开展创业。

三是要设计商业模式。

发现市场需求后，创业者还要设计出一套商业模式，能够让目标消费群体增强黏性，持续不断地进行循环消费，这样才能成为一个有前景的创业项目。比如最近失败的"爱屋吉屋"项目，由于没有很好地设计出一套商业模式，变成了一个黏性不强、消费频次低、无法让目标群体持续不断消费的创业项目。这也是创业过程中需要警惕的关键环节。

小匠物联在创业摸爬滚打的过程中，摸索着完成了市场调研、市场规模的分析商业模式的设计和升级改进。小匠物联的第二个创业项目——家电和家居产品的一站式智能物联网解决方案提供商也并非一蹴而就。最初只是为客户提供技术解决方案，这样主动权并没有掌握在小匠物联的手中。后来经过摸索，构建起"智能模块＋平台＋服务"的标准化解决方案，从"智能模块"这个具有技术含量的有形硬件入手，以后续的平台运维作为支撑，为客户提供定制化的一站式智能物联解决方案。这个标准模式将客户响应时间缩短到7～15天，既能够很快为客户所接受，又能够增加客户的产品附加值，大大增强了市场竞争力。

在这个新商业模式下，小匠物联的营收呈现出翻番的跨越式增长态势，2017年的营收是2016年的4倍，而2018年的营收预计将是2016年的8倍。

从小匠物联的发展轨迹来看，在摸索中找到最优的商业模式，在不增加成本的情况下增加了营收和核心竞争力，是其能够走向快速发展的关键。

【延伸阅读】

创始人观点

4年的创业历程，炼狱般的经历，成功的欢喜和失败的酸楚，也让小匠物联创始人米雪龙对创业有了自己的感受和理解。他也有一些创业感悟，对创业者会有启发。

米雪龙的创业经，有三个关键点。

一是创业者既要有情怀还要践行。

米雪龙说，每一个创业者都有伟大的梦想和情怀，都想要改变人类的生活，甚至成为这个世界上最成功的人。刚出发的时候激情满满，心中装满了天下，一切都是美好的。

但理想很丰满，现实很骨感。当一款产品面市后，创业团队面对的是市场的考验，这个时候就要做好迎接考验的准备，要有各种应对的方案。尤其是产品销售不畅时，要有解决问题的办法，是继续硬撑，改进产品加强营销？还是果断实现自我否定，另谋出路。这些都需要创业者在面对复杂因素或者在内心煎熬的情况下做出决策，这需要勇气和胆识，是不容易的。

创业，首先是要想办法活下来。活着，才有机会去革别人的命，才能找到通往梦想的道路。

创业者要把梦想转化为践行的动力，既要坚守，也要变动。要时刻警醒，不断把"我想做什么"聚焦到"我能做什么"，而不是自恋地守着最初的梦想。初心很好，但不能用来当作不做改变的借口。

创业者要坚守、要固执，但更要变通，找到把梦想实现的路径。如果没有固执，根本不适合创业；没有变通，更加走不下去。

二是一定要有人支持你。

米雪龙说，在创业的道路上，创业者不能处于众叛亲离的困境，一定要有人持续不断地支持你。

米雪龙的创业历程，正是得到了家人、亲戚、朋友源源不断的支持。米雪龙出生在安徽农村，不是富二代，他在大学毕业后就开始了创业，个人也没有长期的财富积累。其最初的创业也没有得到天使投资者的资金支持。他的创业启动资金，主要来自父母亲和亲戚朋友的支持，是东拼西凑借来的。

而当米雪龙创始产品"久坐检测仪"无疾而终，100万元的创始资金烧完之后，团队一下子找不到发展的方向，甚至合作人也离职走人了。当时米雪龙也陷入绝望和彷徨。就在这时，又是来自朋友和家人的支持让他感受到了人生的温暖，重新鼓起坚持创业的勇气，并且持续获得亲戚朋友的资金支持，也使得米雪龙能够痛定思痛，重新寻找项目的发展方向，并且从以前的技术积累中发现了新的应用场景和商业机会。

三是要学会不断整合资源，借梯登高。

成功的道路上，要有高人指点、贵人相助、个人奋斗。虽然说创业者是孤独的，但创业并不是在真空中进行。米雪龙说，创业要有立脚点，要学会整合资源，借梯登高，这样才能走得更快。

在小匠物联的创业历程中，首先得到了慈溪网商协会会长余雪辉的支持。这对小匠物联来说，是具有关键意义的一次支持，让小匠物联能够重新扬帆起航。

在完成这次转型之后，小匠物联找到了新的发展方向。在不断地演进中，小匠物联先后成为阿里云、亚马逊AWS、中移物联网、中国电信NB-IoT平台、天猫精灵、微信硬件平台、京东微联、小米米家、谷歌HOME等各大公司的物联网云平台的合作伙伴，并成为阿里云ICA联盟发起单位、中国移动OneNET合作伙伴、中科院信息技术应用研究院战略合作伙伴、中国电信NB-IoT战略合作伙伴等。

这些巨头所搭建的开放式平台拥有全球化的资源，增强了小匠物联服务能力和市场竞争力，也增强了小匠物联的公信力。借梯登高、借船出海，助力小匠物联成功融入智能物联的发展大潮之中，并分享到产业爆发所带来的市场机遇。试想如果所有的资源都需要自己投入、搭建的话，小匠物联在没有大资金支持的情况下根本不可能启动云平台的服务，也就无法获得客户的认可。

创业历程

小匠物联的创始人米雪龙，1989年出生在安徽亳州利辛县的一个普通农村家庭。2009年考上浙江大学宁波理工学院的工业设计专业。2013年大学毕业后，他决定自主创业。

第一个项目是开发一款智能久坐检测仪。从2014年9月到2015年10月，这款产品开发成功。2015年4月，小匠物联公司正式成立。2015年11月，米雪龙参加宁波大学生创业大赛，在最后的决赛阶段，现场没有一个评委为他举牌。

尽管这个项目的开发花了100万，尽管米雪龙和他的研发团队为此攻克了众多的技术难关，尽管他很不情愿，但米雪龙还是痛下决心，对这款投资人和评委都不看好的产品忍痛割爱，暂停项目。

100万元烧完了，没有任何回报，接下来怎么办？

迷惘过后，米雪龙再次上阵，依靠团队在研发久坐检测仪过程中积累的技术，给宁波的一些小家电厂家提供物联技术服务。2015年年底，他找到慈溪网商协会会长、慈溪家电馆总运营官余雪辉，为其提供小家电产品的智能物联网解决方案。

当时余雪辉也在探索家电产品的智能化之路，双方一拍即合。小匠物联为余雪辉的佳星电器公司生产的取暖器提供智能技术解决方案。有了小匠物联的智能物联方案加持，佳星取暖器就变"乖"了。冬天到了，只要动动手机，就可以远程把电暖器打开，回到家就能马上享受。可别小看这个过程，其实这里面涉及物联网云平台建设、App、服务器的开发和芯片设计、设备管理等。取暖器智能化之后，销量和单价马上上升了。这也成为米雪龙起死回生的起点。

智能取暖器项目成功后，余雪辉给小匠物联介绍了慈溪家电行业的一些生产企业，小匠物联的收益逐渐增加。从做产品到做技术外包服务，米雪龙度过了迷惘期，逐渐积累了资金，小匠物联的团队也逐渐完善起来。2016年小匠物联团队的16个人完成了15个项目，实现了收支基本平衡。

但米雪龙也发现，为家电制造商提供智能化解决方案，本质上还是为别人作嫁衣，公司未来自身的发展前景不明朗，这并非他创业的初衷。小匠物联的发展需要一个自主的拳头产品，团队也需要有自己明确的主攻方向。这个想法直接促进了这项业务的转型，升级版到来了，这就是米雪龙创业的第三个项目——智能硬件连接+数据服务，也是目前的核心业务。

智能物联网连接+数据服务，核心点有两块，一是为各种电器和健身器材生产商提供高效率、高技术的智能物联网通信模块，二是搭建智能物联平台小匠云，可以为合作伙伴提供定制化一站式智能化解决方案。比较通俗地讲，就是向电器和健身器材厂家提供硬件（智能模块）+平台（软件及技术方案），让电器和健身器材智能化，体验也更好。而这个智能模块，正是小匠物联的核心竞争力来源。不仅能够提供云计算能力，还能提供雾计算能力——就是在没有网络连接的情况下也可以在局域网内使用。

小匠物联的智能模块和云平台服务，最初是与"小乔健身器材"合作开发智能跑步机。传统的跑步机只有单纯的跑步功能，枯燥乏味，一般人很难坚持下来，很多用户买回家后没几天就成了摆设。但小匠物联设计开发的智能跑步机，通过增加Wi-Fi、GPRS等通信模块、调整控制器、连接小匠云平台等功能，实现从传统跑步机到智能跑步机的转变。主要实现从传统跑步机，升级为了集社交、娱乐为一体的新型健身产品，颠覆了整个行业。

这款革命性的产品既具有交互性，又具有娱乐性，只要打开手机App，跑步机就欢快地跑了起来，操纵者还能根据自己的身高、年龄和具体需求，通过后台的计算，智能设定减肥计划。除了传统的跑步功能，这款智能跑步机还开发了自由跑、模拟路跑、双人竞技等花式玩法，用户不仅可以通过App，实时掌握运动数据，甚至还可以线上约好朋友天天一起跑步竞赛，边跑边通话，跑赢了还可以发朋友圈炫耀。通过各种趣味性的竞技游戏，在运动中获得乐趣和成就感。这样一来，增强了趣味性不说，大家跑着跑着就养成了健身的习惯，不知不觉就坚持下来了。这款跑步机从2016年9月一投放市场就受到了年轻人欢迎，1个月可以销售1万多台。目前小乔智能健身器材累计销售50万台，销售量达到6个亿。

跑步机的成功，触发了米雪龙的更多灵感。他和研发团队先后尝试将智能物联的解决方案应用到净水器、空气净化器、取暖器、电风扇、咖啡机、智能锁、智能灯、窗帘、插座等电子电气、家电家居产品上，为这些行业插上了智能物联的翅膀。

小匠物联的影响力不仅立足宁波，辐射江浙沪，还接到了北京乃至国外的订单。其与客户联合研发的智能空气净化器被推选为2017哈萨克斯坦阿斯塔纳世博会中国馆指定空气净化器，定制打造的智能家居系列产品也在国外的多个居民小区投入使用。

2017年4月20日，国家副主席李源潮来宁波期间调研了小匠物联，了解智能家电平台和家电产业智能化进程。目前小匠物联已经赢得了40多家稳定的长期合作伙伴，还有很多客户主动找上门来寻求合作。

现在，米雪龙将小匠物联定位为"一站式物联网解决方案提供商"，通过提供最具性价比的物联网整体方案，把品质硬件和虚拟网络有机结合，帮助客户在全球范围内部署产品服务，协助推广。"我坚信，传统产业也需要物联网思维。我们将提供个性化的技术开发服务，让客户用少量的投入，获得高效的回报"，米雪龙对未来充满信心，"现在物联网应用场景在不断扩展，基于宁波作为全国三大家电生产基地的庞大需求，小匠物联如果运营得好，完全可以做到百亿级规模。"

两年的积累，小匠物联已经积累团队22人，公司已经拥有21项专利、16项软件著作权。小匠物联还在广州和慈溪设立了办事处。目前，小匠云平台覆盖品类多达35类，接入设备数量达到100多万个，小匠App注册用户数量突破120万人，小匠云平台每天的数据交互量已经接近1亿次。2018年小匠物联的营收预计将突破800万元。

创业公司小档案

小匠物联是一家专注智能硬件连接和数据服务的高新技术企业。小匠云SaaS平台是以阿里云SDS、亚马逊AWS为基础的专业云平台，可助力传统企业快速接入物联网，提供全球化的设备管理和远程控制整体物联网方案，可快速接入第三方平台，如阿里巴巴－天猫精灵、京东－京东微联、华为－华为IOT、亚马逊Alexa、Google Home。

小匠的产品主要是各种电器和健身器材智能化解决方案。

小匠物联是阿里云LINK物联网市场创始合作伙伴、阿里云智能生活开发平台首批入驻合作伙伴、中国移动物联网联盟单位。

荣誉榜：
2016年宁波市大学生创业新秀
2017年"物联中国"大赛二等奖
2017年浙江省创业创新大赛金奖
第一届中国创客创业大赛浙江赛区10强
2018中国物联网大会优秀产品奖
2018物联网应用示范项目奖

【点评】

对于创业企业来说，找到市场切入口，也就是需求点，非常重要。小匠物联构建技术优势，以传统家电企业为切入口，为这些企业提供物联网解决方案，帮助他们插上智能化的翅膀，这个切入口找得非常准，总体来看，小匠物联的成功得益于天时、地利、人和。

众所周知，互联网发展已经进入了下半场，多家研究机构及行业大佬已经明确表示，互联网下一步发展趋势是互联网＋产业，也就是物联网。

这是天时，还有地利。宁波家电产业庞大，有4 000多家家电整机企业，规模以上企业就有550多家，配套企业15 000家，行业总产值1 000亿元，和广东顺德、山东青岛合称三大家电生产基地。而且产品种类齐全，覆盖面广，拥有吸油烟机、吸尘器、冰箱、空调、洗衣机等20多个细分行业，数千个品种。家电产业是宁波重点扶持的产业。宁波制订了"246"产业发展计划，家电产业正是其中的"4"。

面对汹涌而来的智能化趋势，这些企业渴望搭上物联网的快车，但基于过去的模式，这些企业对物联网的认知和理解不够，尤其是人才储备不足，因此没有独立完成物联网构建的能力。小匠物联抓住了这个需求，为这些企业提供一站式物联网解决方案，帮助它们搭上物联网快车。

所谓人和，小匠物联围绕产业生态链，整合资源，获得了产业上下游齐心协力的支持。

小匠物联和诸多平台如阿里巴巴、小米、京东、华为等形成战略合作关系，为客户增值。平台通过小匠物联，不仅可以为家电企业提供 C 端数据，使得在产品设计阶段更加合理地设定智能化功能，更好地获得消费者的认可，同时还可以为产品引流，迅速扩大销售，降低企业物联网的投入成本。

在上游端，小匠物联采取自建和配套的模式，构建芯片供应链，根据客户需求，灵活搭配，保证效率。

在家电企业、平台和供应商大力支持下，小匠物联构建了完整的商业模式，提升上下游效率，在行业中的竞争力越来越强。我们有理由相信，小匠物联会随着中国物联网快速发展而成为一个富有影响力的行业参与者。

从小匠物联的案例中，我们看到，创业一定是从需求出发，找准核心环节构建优势，从而形成核心竞争力，才能在竞争中立于不败之地。

浙大宁波理工学院创新创业教育中心副主任　廖海鹏

附录5 直播创业成果转化

依据《关于做好网络创业认定工作的通知》(甬人社发〔2016〕96号)，围绕网络创业认定标准进行设计。

网络创业认定标准

申请网络创业认定，须符合以下条件：

（一）网店在网上交易平台实名认证，申请认定时已连续从事网络经营6个月（含）以上。

（二）信用良好，网店综合评价率（综合评分与总分的百分比）或好评率（好评数与交易数的百分比）原则上在96%（含）以上，或差评率在4%（含）以下。

（三）申请认定前已连续经营6个月，月均营业额不少于3 000元。同时经营2家（含）以上网店，且都符合上述（一）（二）条件，营业额可累加计算。

网络创业实训
直播电商创业成果转化
目录

任务一 抖音账号开设
 第一部分 知识准备
  一、抖音账号开播须知
  二、抖音账号冷启动
  三、抖音直播底层逻辑
 第二部分 实训操作
任务二 直播规划及选品
 第一部分 知识准备
  一、直播运营禁忌及雷区规避
  二、新入驻商家进入新手期规则
  三、直播选品逻辑
 第二部分 实训操作
任务三 直播间场景打造
 第一部分 知识准备
  一、直播间基础构成
  二、直播场地设计
  三、直播灯光布置
 第二部分 实训操作
任务四 直播团队组建及话术设计
 第一部分 知识准备
  一、主播篇

二、助播篇
　　三、话术篇
第二部分　实训操作
任务五　直播间数据分析
　第一部分　知识准备
　　一、数据诊断
　　二、直播间关键指标
　　三、复盘与解决方案
　第二部分　实训操作
任务六　抖音短视频
　第一部分　知识准备
　　一、短视频分配逻辑
　　二、标签分配
　　三、粉丝分配
　　四、短视频分类及主要指标
　第二部分　实训操作

任务一　抖音账号开设

第一部分　知识准备

一、抖音账号开播须知

1. 企业账号

（1）需要提供营业执照，并开通抖店（三证合一的营业执照）。

需确保当前时间距离营业执照有效期截止时间大于3个月。

需确保营业执照上的统一社会信用代码为18位，若非18位，需要到工商局升级营业执照后再进行入驻。

若为新办理的营业执照，因国家市场监督管理总局信息更新有延迟，建议在办理成功后等待至少14个工作日后再进行入驻。

（2）提供银行对公账号：个体工商账号、提供营业执照、银行账户。

2. 个人账户

粉丝＞1 000。

有效短视频＞10条。

必须本人实名认证。

二、抖音账号冷启动

1. 什么是冷启动

冷启动就是让抖音平台认识你的抖音号是做什么的，只有抖音平台抓取到数据，知道你的账号是做什么的，平台大数据才会分配喜欢观看你账号内容的账号给你。

2. 冷启动解决的问题

冷启动解决的问题如附图5-1所示。

3. 冷启动的方式

可通过发布种草短视频及在直播间做订单成交让平台快速地识别账号内容，从而达到冷启动目的。

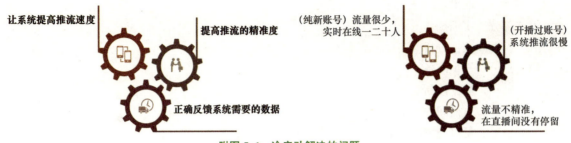

附图 5-1 冷启动解决的问题

三、抖音直播底层逻辑

1. 汇流量

假如某商家从 0 开始冷启动阶段，免费流量推荐的准确性和量级都相对较低，此时通过付费流量圈选目标人群，抖音推荐技术会将内容分发给相似的人群，促使免费流量效率提升。

Tips：账号初期阶段可以通过付费流量圈选目标人群，但是到了成熟阶段，智能推荐人群质量要好于主动圈选人群标签。

2. 促转化

用户能够转化的核心是"人与货"的连接匹配，针对潜在人群优化组货策略，通过直播间及短视频内容运营让转化效率最大化。

抖音电商是以直播间为核心触点激发用户潜在需求，用户进入直播间，种草、互动、转化多个营销目标快速实现，抓住用户注意力并实现转化，对主播、直播团队要求较高。

Tips：在抖音电商，一个成熟的直播间运营需要具备优质的主播、准确的话术、精细的直播节奏、灵活的商品调整、快速响应的广告投放等。

3. 聚沉淀

抖音电商粉丝与传统电商店铺粉丝是有区别的，前者是为了内容、兴趣而关注，每天内容获取的时间也在平台上，在推荐逻辑下粉丝关联度更高、互动更多样、价值更大。后者则是与促销、活动连接。

Tips：在日常短视频运营与直播中，邀请观众进行加粉互动是最常见也最重要的积累动作。同时通过多种营销工具（如粉丝券、粉丝抽奖）增强粉丝黏性，建立长期信任关系，达到长期持续转化。

4. 运营思路

第一步：四分三率（商家体验分、带货口碑分、账号信用分、商家违规分，差评率，品退率，投诉率）要达标，平台对账号无任何限制。第二步：破冷启，让平台认识账号，知道应该将我们推送给什么样的人群。第三步：提高获取种子人群的量级，反馈正向的数据。第四步：持续优化"人、货、场"（附图5-2）。

5. 赛道机制

平台会将同样类目、同样客单价、同样品类、同样规模的直播间分配到同一个赛道，平台会根据冷启动的大数据识别给我们分配人群，人群匹配完成之后会通过数据的优胜来进行赛道排序，排序完成之后，展示到匹配的人群，匹配的人群进入直播间，完成停留观看、直播互动、商品点击、商品购买，一旦发生了购买行为，系统会抓取有购买行为用户的数据，然后回传到人群匹配的步骤中，系统会再次优化人群匹配程度，去抓取与有购买行为用户兴趣相同的人群来到直播间（附图5-3）。

附图 5-2　抖音运营思路图　　　　　附图 5-3　抖音电商运营思路之赛道机制图

第二部分　实训操作

【实训主题】开设直播账号

【实训目标】

1. 理解抖音直播底层逻辑。

2. 做好抖音账号准备工作。

3. 完成模拟平台直播账号启动。

【实训场景】以"华丽女装"为店铺名称，商品确定为女装，进行模拟直播账号开设。

【实训内容】

在抖音平台上了解女装商品直播现状，从而理解抖音直播逻辑，做好开设账号的相关准备；在模拟平台上开设直播账号。

【实训操作】

（1）进入抖音平台 http：//www.douyin.com/，观看至少 3 个女装商品账号的抖音直播，对照知识准备中所讲内容，理解梳理各账号的抖音直播底层逻辑（附图 5-4）。

（2）登录进入模拟直播平台，完成账号准备工作，开设账号。

1）登录首页（hn.wangluocy.com）进行网络创业实训，单击"我的"，登录自己的账号，输入自己的账号和密码（附图 5-5、附图 5-6）。

附图 5-4　抖音平台截图

附图 5-5　平台首页

附图 5-6　平台登录界面

2）进入模拟商城（本部分以"华丽女装"店铺为例），单击"我的"，弹出对话框后单击"立即开店"按钮，按照要求填写好店铺信息，单击"提交"按钮，完成店铺基本信息的填写（附图 5-7～附图 5-9）。

附图 5-7　模拟商城进入页面

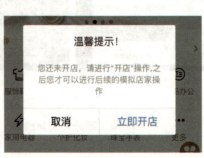

附图 5-8　进入免费开店页面

附图 5-9　店铺基本信息填写页面

任务二　直播规划及选品

第一部分　知识准备

一、直播运营禁忌及雷区规避

在抖音直播越来越火的趋势下，很多小伙伴和企业都跟风入局了直播。

有人已经用直播月入过万，而有人的直播账号却屡屡被封。

现在大多数封禁账号没有办法申请解封，如果你还想继续开直播赚钱，必须要重新注册账号，从 0 开始运营账号。

那么，抖音直播有哪些注意事项？抖音直播新手禁忌有哪些呢？

下面整理了抖音直播常见违规行为，抖音直播不能说的敏感词。想要做起账号，一定要注意不要触犯这些直播雷区！

1．违禁词讲解

（1）严禁使用违规词，包括违禁权威性词语，不文明用语，疑似欺骗用户的词语，刺激消费词语，淫秽、色情、赌博、迷信、恐怖、暴力、丑恶用语，民族、种族、性别歧视用语，化妆品虚假宣传用语，医疗用语等。

（2）广告禁用词，如附图 5-10 所示。

广告禁用词实施细则	
与"最"有关	最好、最佳、最具、最爱、最优、最优秀、最赚、最大、最高、最高档、最奢侈、最低、最低级、最低价、最底、最便宜、最流行、最时尚、最适合、最新
与"一"有关	第一、NO.1、TPO.1、第一品牌、排名第一、仅此一次（一款）、中国第一、销量第一、全网第一、全国XXX大品牌之一等，无真实依据的极限用语
与"级/极"有关	国家级（相关单位颁发的除外）、国家级产品、全球级、宇宙级、世界级、顶级（顶端/顶尖）、顶级工艺、顶级享受、极品、极佳（绝佳/绝对）、极致
与"首家国"有关	首选、独家、独家配方、首个、首发、全国首发、首款、全国销量、冠军、国家级产品、国家级/国宝级、免检、国家领导人
与"品牌"有关	王牌、世界品牌、世界领先、领袖品牌、领导者、缔造者、创领品牌、领先上市、至尊、巅峰领袖、王者、冠军等
与"虚假"有关	史无前例、前无古人后无来者、永久、无敌、特效、万能、祖传、天然、100%等
与"时间"有关	马上降价、随时结束、仅限、趁现在、品牌团、闪购、周年庆等

附图 5-10　广告禁用词实施细则

（3）话题违规细则，如附图 5-11 所示。

教育	学校名称、升学、教育护航、九年制教育、一站式教育、入住学区房、优先入学、12年教育无忧、全程无忧、让孩子赢在起跑线上
户口	承诺户口、蓝印户口、承诺移民、买个房啥都解决了
风水	上风上水、聚财纳气、宝地、圣地、府邸、龙脉(贵脉)、东西方神话人物、龙脉之地、风水宝地、天人合一、天干地支品上山上水——享上等上城、堪舆
封建	帝都、皇城、皇室领地、皇家、皇室、皇族、殿堂、白宫、王府(府邸)、皇室住所、政府机关、行政大楼、XX使馆、XX境线
歧视性词语	贵族、高贵、隐贵、上流、层峰、富人区、名门、XX阶层、XX阶级
活动	国家大型赛事(冬奥会、奥林匹克运动会、世界杯)、双十一(已被阿里巴巴注册不可使用)
价值/投资	升值价值、价值洼地、价值天成、千亿价值、投资回报、众筹、抄涨、炒股不如买房、升值潜力无限、买到即赚到
数据无证据证明	得房率%、XX亩、XX公里、XX平方米、热销X亿、%绿化率、%容积率、热销X亿、热销/成交XXX套、XXX位业主
交通/设施	直达家门口、地铁上盖、咫尺地铁站、万亩公园、几大商场环绕、万达在旁、机场辐射区、超市、商场、学校、医院等名称、X条地铁、X条公交(经查证属实)、地铁旁(需1公里范围内)
无法证明具体地理位置	CBD坐标、CBD核心、城市核心地段、你在城心、我在你心、中央、中心、重心、中枢、重点、腹地、地标、城市中央、凌驾于世界之上
限时活动	限时必须具体时间(今日、今天)几天几夜、倒计时、趁现在、就、仅限、周末、周年庆、特惠趴、购物大趴、闪购、品牌团(必须有活动日期)、随时结束、随时涨价、马上降价

附图 5-11　话题违规细则

2．抖音直播违规行为

（1）常规违规行为。常规违规行为细则如附图 5-12 所示。

色情低俗	色情、低俗和着装暴露(包括儿童)的内容
内容引人不适	1.暴力、恐怖、血腥等引人不适的视频内容 2.展示自杀自残等其他危险动作，引起不适，或容易诱发模仿的内容
造谣传谣	1.宣扬邪教、封建迷信、民间陋习及破坏国家宗教政策的内容 2.不安全违规信息,宣传伪科学或伪反科学常识的内容
侵犯未成年人权益	1.误导未成年人和违反公序良俗的内容
垃圾广告	1.商品广告,比如商业产品、品牌、活动的推广软文及广告等,包括但不限于淘宝、微店等; 2.推广里含有个人联系方式(二维码、电话、个人微信/QQ号、微信群/QQ群等)或内容含有多处推广信息; 3.推广里含有网址,比如购物链接、网盘资源"下载链接等"; 4.推广的微信公众号,带有明显营销意图，如"回复x,获得x"; 5.推广微信或微信公众号时使用变种，如"威信""微信""微^信公众号"等,情节严重的将予以封禁; 6.推广二维码、图文形式的联络方式等; 7.诱导用户点击/关注本人账号之外的其他帐号,如:关注领奖、关注看回答、关注获取下载资源等; 8.推广与所发内容无关
涉嫌违法违规	1.危害国家安全,泄露国家秘密,颠覆国家政权,破坏国家统一的; 2.损害国家荣誉和利益的; 3.煽动民族仇恨、民族歧视,破坏民族团结的; 4.破坏国家宗教政策,宣扬邪教和封建迷信的; 5.散布谣言,扰乱社会秩序,破坏社会稳定的; 6.散布淫秽、色情、赌博、暴力、恐怖或者教唆犯罪的; 7.侮辱或者诽谤他人,侵害他人合法权益的; 8.含有法律、行政法规禁止的其他内容的,如枪支弹药、管制刀具、毒品等买卖途径、制作方法、拆解展示的违法内容; 9.含有境外媒体相关内容; 10.违反行政政策的,比如自媒体发布社会新闻及评论性文章;自媒体/群媒体发布泛时政类文章;发布揭黑/举报/维权/投诉/群体性事件/暴恐爆料等内容
虚假宣传	小实验类：使用小实验展示商品效果,但实验本身所分享商品的效果并无直接因果关系的情形。 吹嘘夸大类：非特殊化妆品宣传特殊化妆品功效、普通食品宣传医疗保健功效等进行效果性保证或承诺,以违背常识夸张演绎的形式演示商品效果。 假冒伪称类：无客观依据进行专利、荣誉、研发团队、销量相关宣传,或无授权借以具有名人效应人物的音频、形象或名义进行商品宣传

附图 5-12　违规行为细则

虚假宣传	1. **宣传信息与实际不符**：所宣传的商品各项参数信息与实际情况不符。 2. **夸张对比**：以使用产品前后的对比效果为宣传点，明示或暗示商品效果，混淆用户感知，传达用户不实的产品效果信息。 3. **虚假活动信息**：利用口播、视频字幕、购物车等位置，发布分享关注领奖品、粉丝免费送等活动，但活动信息与实际情况不符的。 4. **违规宣传用语**：在分享商品的过程中，宣传养生、保健或治疗等相关专业领域信息。 5. **极限词**：在口播、视频字幕、购物车/视频标题中涉及"国家级"、"最高级""最佳""全国第一""绝无仅有""顶级"等《广告法》中的禁用词汇。 6. **虚构原价/优惠价/政府定价**：以任何原因虚构原价和降价原因，使用全网最低价、政府定价、极品价等用户无法做出比较及参考的价格表述进行宣传。 7. **不公正性**：通过"贬低"其中一方"夸赞"另一方，以达到宣传商品的目的。 8. 其他法律法规、平台规定禁止出现的虚假宣传内容。 **错误示例**： "老铁们评论区扣666，新进来直播间每人送一块全自动机械手表" "咱家粉丝在评论区刷屏自动涨粉3 000+，抱团取暖，互帮互助" "观看半小时直播可赠送口红、机械手表！" "所有粉丝9.9秒杀酸奶，直播间购物车酸奶件数就一件"
吸烟、饮酒	切勿在直播过程中吸烟饮酒传递负面内容，始终注意保持直播间内容元素、氛围等积极健康向上。**(卖酒过程中提醒未成年人不要饮酒)** **错误示例**： 直播过程中吸烟、饮酒。吸烟不在直播过程中体现，但直播间内可看到烟雾或听到打火机点火、吸烟声音等；在直播间内拍摄到酒瓶或直播过程饮酒
牟取利益（禁止以自称专家或导师卖课程获取利益）	平台禁止以自称导师卖课、帮上热门、教学开通电商的名义牟利。 **错误示例**： "这个课程教你上热门，助你获得大波流量，买不了吃亏买不了上当，月入六位数" "只要课程费998手把手教你做互联网电商，在家就能赚钱！"
视频无相关性	商品在分享内容视频中出现的部分，与购物车展示信息需要有相关性。将自己想要分享的商品展示在视频内容中，充分展示商品本身，并提升视频创作质量。 **错误示例**： 视频分享的商品为牛奶，购物车展示水杯。 **正确做法**： 视频展示牛奶的图片，购物车商品为牛奶实体商品
违规专拍链接	违规专拍链接指： 商品详情页未对商品形状、质量、参数等进行准确描述，仅以秒杀链接、专拍链接、邮费链接、价格链接、福袋等形式进行违规销售。 • 主图无实物商品 • 标题无实物名称 • 未完整填写商品类型及属性 • 不得发布基本信息（包括但不限于商品属性页不完整、商品类目/型号/颜色/尺寸/及其他商品属性介绍不完整）缺失的商品； • 以颜色、尺寸、系列等属性为主要组合形式，不得将跨品牌、跨类目、跨系列等无关联商品绑定在同一SPU下； • 如涉及套盒包装的商品，需在SKU信息中清晰展示说明套盒内商品明细内容； • 不得刻意发布规避信息，如利用SKU低价引流、以非常规的数量单位发布商品等
作者不得在短视频/直播及其他场景中使用"原价"进行商品宣传	若作者使用"原价"进行宣传，需确保其宣传内容真实无误，并提供符合法律法规要求的相应证明或依据。若作者存在宣传"商品曾经售价"的需求，平台建议可在符合事实的前提下使用"划线价"代替"原价"，以避免对其他消费者造成误导
侵犯版权	1. 擅自使用他人已经登记注册的企业名称或商标，侵犯他人企业名称专用权及商标使用权； 2. 擅自使用他人名称、头像，侵害他人名誉权、肖像权等合法权益； 3. 擅自使用信息/冒充他人注册账号，侵害他人合法权益； 4. 内容侵权，以下侵权行为不符合规范：未经权利人授权发布他人原创内容，侵犯他人知识产权； 5. 未经授权发布他人身份证号码、照片等个人隐私资料，侵犯他人肖像权、隐私权等合法权益； 6. 使用侮辱、诽谤造谣等方式损害他人名誉/商誉，或捏造事实公然丑化他人人格； 7. 未经授权发送商业秘密，侵犯企业合法权益

附图5-12 违规行为细则（续）

（2）禁止私下交易和导流行为。禁止私下交易和导流行为适用于口播、直播画面、视频字幕、购物车/视频标题、购物车图片等可向用户传递信息的方式。包括但不限于-第三方平台水印、平台名logo、店铺名称、网站链接、QQ号（群）、电话、微信号、联系方式（含变体）如V我/私信我/加我/看个性签名/主页有微/主页有惊喜/微信小程序/二维码等。包括但不限于个人微信账号、商品链接、实体店信息、银行账号及其他付款方式、二维码及其他（非抖音）平台标识等。

（3）直播运营规范讲解。直播运营规范讲解如附图5-13所示。

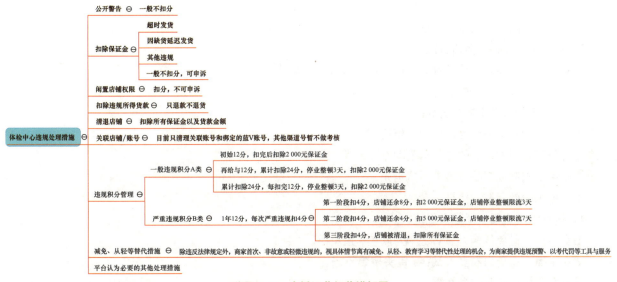

附图5-13 直播运营规范讲解图

（4）未成年单独直播：抖音直播未成年必须在家长的陪同下才能开播。如果单独出镜属于违规行为。

（5）展示其他平台信息或者联系方式：抖音高达4亿的日活量让很多商家都眼红。很多人不能在抖音变现，就想把抖音上的流量导到其他平台。这在抖音平台是绝对不允许的。无论是口头宣传还是文字展示，一旦出现导流的情况，就是违反平台规则的。

（6）直播严禁静态挂机：常见的挂机直播包括但不限于播放电影、个人视频或者他人直播的回放视频、主播长时间不在镜头前面。很多主播为了累积时长，自以为很聪明地使用这种方式，以为可以蒙混过关。但是平台有自己的检查机制，千万不要抱有侥幸的心理。

（7）直播带货商品违规：在抖音直播卖货必须申请开通直播带货权限，才能直播卖货。

另外，成功开通直播卖货的用户，并不是什么商品都能带货的，以下这几类商品是平台禁止售卖的。

1）仿真枪、弹药、军火及仿制品。
2）易燃易爆、有毒化学品、毒品类。
3）反动等破坏性信息类。
4）色情低俗、催情用品。
5）涉及人身安全、隐私类。
6）药品、医疗器械、保健品类。
7）非法服务、票证类。
8）动植物、动植物器官及动物捕杀工具类。
9）涉及盗取等非法所得及非法用途软件、工具或设备类。
10）未经允许、违反国家行政法规或不适合交易的商品。

11）虚拟类。
12）舆情重点监控类。
13）不符合平台风格的商品。
（8）抖音带货主播规范。
1）抖音带货主播人选须知。
①避免单人多个不同账号同步直播（实名认证）。
②避免长期使用他人代播（性别一致）。
③避免长时间主播离席不在场。
2）抖音带货直播主播语言规范：
①避免地方性口音过重的直播风格（轻微口音有亲切感）。
②避免太过极端的直播语言。
3）抖音带货直播主播行为规范。
①避免抽烟喝酒的行为甚至动作模仿。
②避免容易引发误会的产品示范动作。
③避免换衣服或产品体验中不慎走光。
④避免跟粉丝互怼、抬杠。
4）抖音带货直播主播穿衣规范。
①女主播：避免低胸/深V/透视/肤色/超短裙。
②女主播：避免内衣真人试穿/镜头聚焦不当。
③男女主播：避免文身暴露。
5）抖音带货直播主播其他规范。
①禁止境外直播（旅拍直播格外注意）。
②禁止直播间截屏抽奖/评论区随机抽奖。
④禁止枪支出镜（包括玩具枪）。
6）开播时间不固定、随意下播。
①总是固定和某几个粉丝聊天，内容偏离直播产品。
②直播过程中网络不稳或环境声嘈杂，影响直播体验。
③直播产品介绍时间分布不均，主播控制时间能力差。
④移动直播画面抖动或远机位收音有干扰。
（9）违规营销。
1）诱导互动。
①什么是"诱导互动"？
诱导互动，指创作者以获得折扣、福利、低价特权、购买商品资格等为由诱导用户进行互动的推广行为。诱导方式包括口播、管理员弹幕、贴纸、字幕、背景板等推广方式。
②如何认定"诱导互动"？
以创作者将参与互动作为获取折扣、福利、低价特权、购买商品等"优惠"的前提条件为判定因素，相关"互动行为"与"获取优惠"之间实无关联，或不具备履行兑现基础，侵害消费者合法权益和交易体验。
"互动行为"，包括但不限于：要求消费者用户发表"拍了""想要""666""报名"等与介绍商品无关联的无意义评论；要求消费者用户"点赞××下"；要求消费者用户浏览直播间××时长。
"获取优惠"，包括但不限于获得折扣、低价特权（如按承诺价购买、秒杀）、购买商品资格、可报名（如折扣活动）、订单发货、订单生效、改价、包邮（不参与互动发到付）。

【违规示例】

某创作者直播间宣传，下单购买商品后，在直播间停留5分钟，同时发表三遍"已买666"评论，可48小时内发货，不互动的15天发货。

"一定要扣666报名参加才能领取福利"。

"拍了的打3遍拍了优先发货"。

"扣5遍尺码上一个库存"。

③如何避免"诱导互动"？

创作者与用户互动时，应坚持合理、客观的态度，不得以获取虚假优惠进行利益诱导性质的互动。

a.发布秒杀商品时，说明秒杀商品的库存，避免使用有歧义让消费者产生误解的描述。

b.合理引导用户参与互动，如"喜欢主播的点个关注哦""喜欢产品和主播的，加入粉丝团，下次直播不再错过"。

c.合理控制发放"福利"的节奏，避免长时间"憋单"（长时间宣传优惠信息诱导互动、商品不上架）。

2）诱骗秒杀。

①什么是"诱骗秒杀"？

诱骗秒杀，指宣传"低价秒杀""免费送"等福利信息诱骗用户参与"秒杀"互动，实际未兑现或无法兑现的推广行为，或秒杀信息发布不规范的推广行为。推广方式包括但不限于口播、贴纸、弹幕。

②"诱骗秒杀"的表现形式，如附图5-14所示。

2.1 宣传低价购买，实际未上架或未兑现承诺

指创作者宣传以低价秒杀商品或开展低价秒杀活动，但实际未上架相关商品、未兑现承诺进行低价秒杀活动或秒杀价格虚假的推广行为。

【违规示例】

- 创作者宣传某时间点上架秒杀商品/改价，进行秒杀活动，但达到约定时间未上架相关商品；
- 创作者宣传9.9元进行秒杀活动，但实际秒杀价格为19.9元，高于约定价格；
- 创作者直播间承诺30秒后1.9元秒杀零食礼包，但半小时后仍未上架商品，倒计时期间不断欺骗观众刷屏互动、停留直播间；
- 宣传16.9元购买"实体店标价299元的蓝牙耳机"，实际未上架相关商品；
- 宣传19.9元购买8.5公斤级的全自动洗衣机，实际未上架相关商品。

【说明】

因未到约定的活动开展时间的，不判为违规。例如承诺晚上20:00整开始秒杀，当时时间为19:46，未到约定时间，不判为违规

2.2 宣传无法兑现的"不限量免费送"

以任何形式宣传实际无法兑现的用户全部免费、不限量免费、人手一单0元买等推广行为。

【违规示例】

- 创作者承诺进入直播间的用户人手一份免费赠品，并诱导用户持续在直播间点赞、刷"新来的"，最终未兑现赠品或仅截屏抽奖

【说明】

商品发布的库存是一定的，此类推广行为在直播间用户达到一定规模后，并不具备完全兑现的基础。创作者发放赠品或抽奖的，鼓励说明相应的商品数量与参与条件（如关注账号），并真实兑现承诺

2.3 未与商家协商一致宣传赠送高价值赠品

指创作者在未与商家协商一致情况下（商品详情页查询不到赠品信息或相关说明），在推广过程中宣传购买其所推广商品后赠送高价值赠品的推广行为。

【违规示例】

- 创作者直播过程中宣传购买其推广的A商品（如牙刷、毛巾、酒水、课程等），免费赠送高价值的B商品（如智能手机、pad、电脑、黄金饰品、高端手表），赠品信息在A商品详情页未展示说明

2.4 秒杀信息发布不规范

指创作者未按规范要求发布秒杀信息，或发布的秒杀信息不完整、被遮挡的推广行为。

创作者在直播期间开展秒杀活动的，**每场秒杀活动开始前，需在直播间背景板、OBS自播组件等场景**清晰明确展示秒杀活动具体信息。

秒杀活动进行时，**商品必须实物出镜**。

秒杀活动结束前，秒杀活动信息须保持展示，**关键信息不可被人/物遮挡**

附图5-14 "诱骗秒杀"的表现形式图

规范的秒杀信息展示示例如附图5-15所示。

3．抖音小店合规化经营

（1）必须使用规定模板、物流用指定代码、代发货的发件人要修改。

（2）物流单重复有一次修改机会，避免多单件同一单号。

上传单号后24小时内必须有物流轨迹（一旦发生不可避免，上传单号时先确认物流情况）。

揽件超时案例解析：比如订单显示发货时间为2021-03-12 16:56:04，那么最晚揽收的时间应该是24小时内，也就是2021-03-13 16:56:03，但是实际揽收时间却是2021-03-13 21:05:30，出现这种情况就会被判

附图5-15 "规范秒杀"展示图

定为揽件超时。

（3）注意服务请求中的时效，超过3分钟未回复用户的服务请求，会被系统记录。

平台系统会实时判定揽件超时的订单，每次识别出一个揽件超时的订单，就会被记录1次，同时，系统将会通过站内信，定时地把判定结果通知商家（附图5-16）。商家可以在"奖惩中心"→"体检中心"→"违规管理"中查看判定的详细情况，也可通过抖店后台"消息盒子"→"处罚通知"，关注店铺违规通知的信息，并且根据提示通过奖惩中心查询违规信息。

附图 5-16　抖音小店违规行为细则

（4）七天无理由退货规则定义：消费者在商品物流显示签收后的七天内（次日0点起算），对支持七天无理由退货并符合完好标准的商品，可发起七天无理由退货申请。

（5）新手商家预防性运营技巧。

1）销售现货，余量库存。

2）批量上传代发快递单时优先核查物流轨迹。

3）避免合并订单，同一地址尽量分快递发送。

4）客服处理速度及时，设置机器人自动回复（影响服务评分）。

二、新入驻商家进入新手期规则

1. 新手期流程

（1）商家开店后，平台会判断店铺是否符合新手期直通条件，符合直通条件的店铺直接通过新手期考核；不符合直通条件的店铺进入新手期，店铺等级为"新手"。

（2）进入新手期的店铺，平台将根据店铺成交订单量的情况对店铺经营能力进行审核，审核材料包括商品资质、质检报告、仓库库存视频、打包发货视频、客服接线视频。

若审核通过，店铺可正常经营，不会受到权益限制；若审核不通过，则限制店铺单日支付单量上限（具体订单以后台展示为准）。单日支付单量被限制的店铺，可在小店后台提交店铺货品质量及服务能力的证明材料进行申诉，申诉通过的店铺将取消单日支付单量上限的限制；未申诉或申诉不通过的店铺限制店铺单日支付单量上限（具体订单以后台展示为准）。

（3）为避免直播中被限单，商家可选择审核前置申报，前置申报审核通过的店铺可正常经营，不会受到权益限制；前置申报不通过的店铺，限制店铺单日支付单量上限（具体订单以后台展示为准）。

通过前置申报或限单后申诉解除单量限制的商家，不会取消"新手"标志。平台会每天考核店铺的综合经营能力，考核指标包括成单量、好评率、开店时长、体验分等。考核通过可出新手期，平台取消店铺"新手"标志。

（4）针对未进行前置申报和限单后申诉的新手期商家，平台会每天考核店铺的综合经营能力，考核指标包括成单量、好评率、开店时长、体验分等。考核通过可出新手期，平台取消店铺"新手"标志且不再有日支付订单上限。

2. 电商创作者违规与信用分管理规则

（1）违规类型及处罚措施。

1）若用户发生违规行为，抖音平台将根据违规类型及违规内容采取用户行为纠正及扣除用户相应信用分等处罚措施。

2）针对涉及的违规类型及违规内容，用户多条并犯的，抖音平台将累积扣除用户违规类型所对应的信用分。

3）若用户单次违规情节严重，对抖音平台的正常运营秩序造成严重影响，抖音平台有权通过合法有效途径单方面判定用户违规性质及适用的处理标准，并对该用户做出进一步处罚。

（2）信用分节点及处罚措施。

信用分节点及处罚措施如附图 5-17 所示。

信用分累积策略如附图 5-18 所示。

平台信用分节点	用户所有视频仅个人主页可见	商品分享功能判罚
12分>=X>=8分	—	—
8分>X>=6分	√	商品分享功能停用整改1天
6分>X>=4分	√	商品分享功能停用整改3天
4分>X>2分	√	商品分享功能停用整改7天
2>=X>0	√	商品分享功能停用整改14天
0分	√	永久关闭商品分享功能

附图 5-17　信用分节点及处罚措施图

积分	行为	信用分累积	周期
0<当前积分<10	周期内通过平台抽检无违规行为	1分	满7天
10=<当前积分<12	周期内通过平台抽检无违规行为	1分	满30天

附图 5-18　信用分累积策略图

3．商家分级规则

（1）商家分级定义 。根据店铺在平台的经营量化指标，平台将对商家进行等级管理。等级从 LV0 至 LV7，共 8 级。级别越高，代表商家综合经营能力越强，平台也会赋予优质商家更多的权限。

（2）商家等级对应关系如附图 5-19 所示。

商家评级细则如附图 5-20 所示。

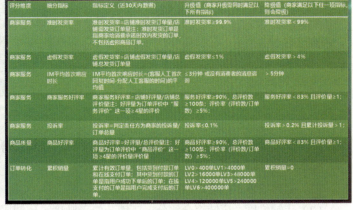

商家级别	单日销量上限（单）	单日gmv上限（元）
LV0	50	5000
LV1	500	50000
LV2	2000	200000
LV3	6000	600000
LV4	15000	1500000
LV5	30000	3000000
LV6	50000	5000000
LV7	不限制	不限制

新入驻商家初始化等级为LV1，最高值LV7。

附图 5-19　商家等级对应关系

评分维度	细分指标	指标定义（近30天内数据）	升级值（商家升级需同时满足以下所有指标）	降级值（商家满足以下任一项指标，则会降级）
商家服务	准时发货率	准时发货率=店铺准时发货订单量/店铺需发货订单量注：准时发货订单是指商家给消费承诺时效内发货的订单，不包括虚拟商品订单。	准时发货率≥99.9%	准时发货率<99%
商家服务	虚假发货率	虚假发货率=店铺虚假发货订单量/店铺总发货订单量	虚假发货率≤1%	虚假发货率>4%
商家服务	IM平均首次响应时长	IM平均首次响应时长=(客服人工首次回复时间-分配人工客服的时间)的平均值	≤3分钟 或没有消费者的消息咨询	>5分钟
商家服务	商家服务好评率	商家服务好评率=店铺好评量/店铺总评价量注：好评量为订单评价中“服务评价”这一项≥4星的评价	服务好评率≥90%，总评价数≥100条；评价率（评价数/订单数）≥5%；	服务好评率<83% 且评价量≥1；
商家服务	投诉率	投诉率=判定责任方为商家的投诉量/订单总量	投诉率≤0.1%	投诉率>0.2% 且累计投诉量>1；
商品质量	商品好评率	商品好评率=好评量/总评价量注：好评量为订单评价中“商品评价”这一项≥4星的评价量评价量	商品好评率≥90%，总评价数≥100条；评价率（评价数/订单数）≥5%；	商品好评率<83% 且评价量≥1；
订单转化	累积销量	累计有效订单量，包括货到付款订单和在线支付订单；其中货到付款的订单是指用户成功下单后的订单；在线支付的订单是指用户完成支付后的订单。	LV0>400单LV1>4000单LV2>16000单LV3>48000单LV4>120000单LV5>240000单LV6>400000单	累积销量=0

附图 5-20　商家评级细则

（3）优质商家快速升级。对优质商家平台支持快速升级，升级条件如下。

1）当前的客诉率、商品好评率、商家服务好评率均优于升级指标。

2）上次等级变动之后至今任意一天，订单量和 GMV 均大于或等于当前等级限制的 80%，且当日的订单评价率大于等于 10%，且当日的商品和商家服务好评率优于升级指标。满足以上条件，即可自动快速升级。

（4）发布混淆信息实施细则。

1）发布混淆信息常见场景有哪些？

商品品牌混淆：所发布商品使用他人品牌的图形变异或品牌变形词 / 衍生词，造成消费者混淆。

商品外观混淆：所发布商品与他人品牌商品名称、包装、装潢相同或相似，造成消费者的信息混淆。

2）发布混淆信息会受到什么处理？

情节轻微：限制营销活动推广。

情节一般：相关商品予以封禁，店铺首次违规每次累计违规积分 A2 分，店铺二次及以上违规每次累计违规积分 A4 分。

情节严重：清退相关店铺，每次扣 B 类 12 分。

（5）正确发布商品主图的要求如附图 5-21 所示。

总结：对于新手来说，不违反平台规则是做账号的第一步，想要提高直播间人气，通过直播获益，还需要掌握一定的直播技巧。

三、直播选品逻辑

直播选品定生死，其选品逻辑如附图 5-22 所示。

直播间带货全流程：选品—定品—排品—讲品—测品。

1. 选品原则

选品原则一：明确账号定位，基于人群选品。

选品原则二：人无我有，人有我优，人优我廉，人廉我转。

选品原则三：基于市场行情选品。

Tips：尤其注意，商品换季、换款对比线下至少提前一个月。如服装、生鲜等，因为要提前抢商品权重。

选品原则四：基于平台同类目爆品选品，主要考虑品牌知名度、价格优势、核心卖点、粉丝画像。

爆款选品逻辑——影响用户购买的主要因素如附图 5-23 所示。

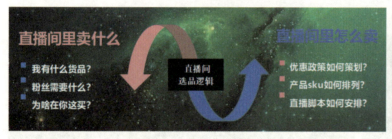

附图 5-22　直播选品逻辑图

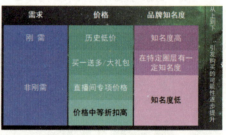

附图 5-23　选品逻辑图

最简易的选品公式＝强需求×（价格优势 or 高折扣）×高知名度

选品六维度如下：

（1）品牌维度：热度、名气。

（2）店铺维度：店铺综合评分、店铺装修美观度、店铺服务质量、发货时效。

（3）产品维度：产品评价、历史买家评价，包括产品特点、颜值、趣味、实用、口味、含量、成分、材质、科技产品详情页、首图质量、卖点描述。

（4）价格维度：价差、赠品。

（5）用户维度：粉丝匹配度、时节匹配度、决策成本。

（6）收益维度：佣金、爆款。

选品五技巧如下：

（1）多：库存量大，货品充足，品类丰富。

（2）快：快速消费品下单快、物流快。

（3）好：颜值好，价格好主题好，成分好，效果好。

（4）新：热点产品，新款，新奇，其他平台的热点产品（淘宝、小红书、微博、明星同款）。

（5）省：省心，省事，省时，省钱。

2. 定品

基础品定品分析如附图 5-24 所示。

（1）引流品：价格低、力度大、数量多。目的是直播间内引人、留人。

主推品：爆品，有利润，能够大量出单，市场表现优秀。

（2）利润品：产品介绍要有噱头（建议使用明星产品）；组合产品套装（赠品数量要增多）。

其他品定品分析如附图5-25所示。

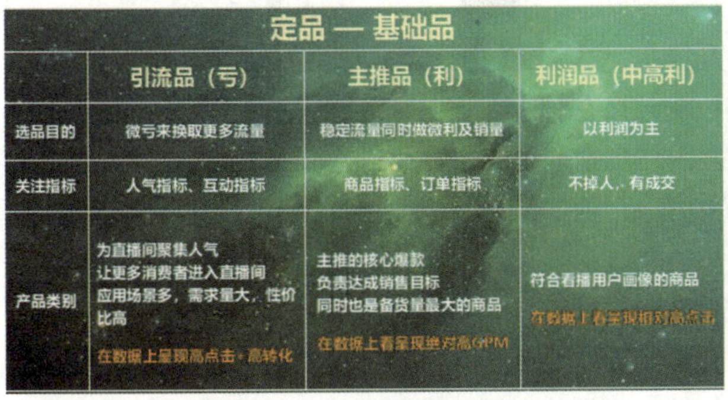

附图5-24　基础品定品分析图 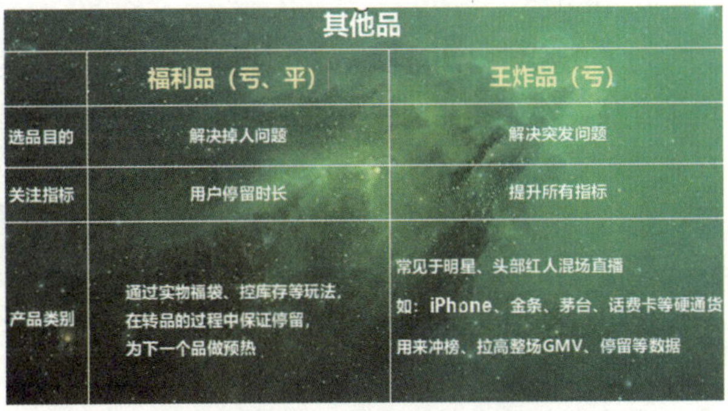　　　　附图5-25　其他品定品分析图

定品原则有爆品原则、关联原则、锚定原则、备胎原则。

3. 排品

常见排品结构有单品爆品（附图5-26）、小循环排品（附图5-57）、大循环排品（附图5-28）。

附图5-26　单品爆品分析图

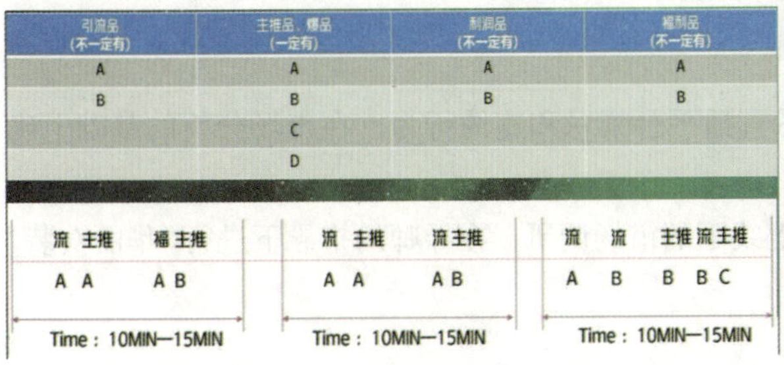

附图5-27　小循环排品分析图　　　　附图5-28　大循环排品分析图

购物车排品分析如附图 5-29 所示。

（1）直播间一屏最多展现的商品数是 5 款。

（2）正在讲解中的商品默认购物车置顶。

（3）善用红字描述与平台玩法。

4．讲品

（1）阶梯策略：阶梯策略是传统买一赠一模式的升级版，适用于食品、小件商品和快消品。比如某商品线下价格 69 元，在直播间第一件 39 元、第二件 29 元、第三件 19 元、第四件免费送。在这种阶梯排列下主播往往会建议消费者数量直接填 4，四件一起拍更划算。

这种阶梯型的价格递减，能给用户强烈的冲击，刺激购买欲望，引导消费者多件下单，完成高销量，释放库存。需要注意的是，引导一定要清晰简明，在下单链接里注明建议拍几件，如果能对原价进行划线处理会有更鲜明对比，效果会更突出。

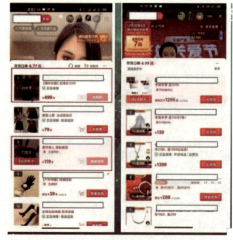

附图 5-29　购物车排品分析图

（2）惊喜策略：常规的直播间操作，几次后用户就会感到厌烦，毫无新意的卖货买货会流失大量用户。这时候，就该推出惊喜策略了。超出用户预期会撩起他们的下单激情。

比如某主播在直播间卖出一款挂耳咖啡，在介绍产品时承诺 3 件合拍享受 88 元的优惠价格，但用户在付款页面发现，店铺另行给出了 20 元优惠券，实际付款金额为 68 元。有用户在直播间反馈了这个情况，主播适时引导用户快速下单，让用户以为自己薅了意料之外的羊毛。这种小惊喜的感觉让用户体验很好，该产品也快速秒完。

（3）套装策略：有些产品可能需要搭配不同的配套销售方法，这个技巧适用于特意为某主播直播间开发的套装产品，也就是说价格不是全网透明的。

例如一套价值 399 元的香水礼盒，包含一瓶 30 毫升香水，一支口红中样，一支护手霜。主播在介绍礼盒时完全可以说成购买价值 399 元的香水，赠送口红和护手霜。一个小小的话术让消费者听起来感受大不相同。变身后的介绍，给人超值的感觉。

5．测品

抖音测品的方法一般有短视频测品、直播间挂链测品、直播间互动测品。

在短视频测款时，可以通过拍摄相同模板、相同时长的短视频来进行测量。这种方法成本低，操作简单，可以重点关注四个数据：点赞率、播放率、评论率、主页访问量。多测试，看数据变化定品。

总结：掌握选品逻辑，精准布局直播间商品。

无论是选品策略还是价格策略，最终目的都是打造一个高成交额的直播间。人货场三者环环相扣，要想收获忠粉，只有不断提高直播间水准，规范流程，加强专业素养，才能不停迭代突破，成就优秀的高 ROI（投入产出比）直播间。

第二部分　实训操作

【实训主题】了解平台规则，明确直播选品。

【实训目标】掌握新入驻商家的新手期规则，熟悉直播平台禁忌和违约行为，在市场分析的基础上确定直播选品，为下一步直播实践做准备。

【实训场景】进入实训平台了解相关规划，进行线上线下的市场调研，在导师的指导下进行"华丽女装"店铺的直播商品选品。

【实训内容】

1．了解主流直播平台，如抖音、快手、淘宝等的最新规划。

2. 开展市场分析，按选品逻辑明确"华丽女装"直播商品。

【实训操作】

（1）进入主流直播平台，查看学习最新规划。

抖音手机进入方式："抖音平台"→"抖音创作者中心"→"规则中心"，查看"平台规划"和"规则解读"（附图5-30）。

抖音PC进入方式："抖音平台"→"合作"→"规则中心"，查看"平台规划"和"规则学院"（附图5-31）。

淘宝平台规划查看，输入网址http://rulechannel.taobao.com/进入（附图5-32）。

附图5-30　手机抖音"规则中心"页面

附图5-31　PC端规则中心页面

附图5-32　淘宝平台规则页面

（2）按所学知识，开展市场分析，在供销平台上选择明确直播产品。

1）登录首页（hn.wangluocy.com）进行网络创业实训，单击"我的"，登录自己的账号，输入自己的账号和密码。

2）回到首页，单击"供销系统"。页面显示出数据面板，以"华丽女装"为基础，对供销系统页面上的潜在客户、在售商品、预计转化率、访客等数据进行分析参考，选择最适宜的商品（附图5-33～附图5-35）。

附图 5-33　供销系统进入页面

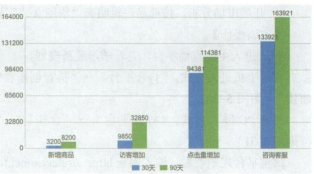
附图 5-34　数据分析图 1

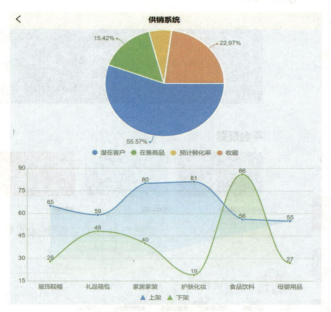
附图 5-35　数据分析图 2

3）单击"商品管理"，进入商品管理页面。系统提供了"家居家装"等 14 个分类，以"华丽女装"为例，选择"服饰鞋帽"类，单击"搜索"按钮，并根据市场价、供应价对比，参考库存量等，选择自己喜欢的商品单击"一键上货"进行上架（附图 5-36、附图 5-37）。

附图 5-36　商品管理进入页面

附图 5-37　商品管理页面

任务三　直播间场景打造

第一部分　知识准备

一、直播间基础构成

直播间可以说是一个小型商场，商场有的构成在直播间里也同样有，如场地、设备、布景、道具（附图5-38）。

二、直播场地设计

直播间场地的核心是根据抖音的兴趣电商货找人的模式，主动将直播间展示给用户，并通过装修等吸引围观，让用户想留在你的直播间，同时要注意引导用户进行互动，提升直播间价值，拉动产品的转化销售（附图5-39、附图5-40）。

附图5-38　直播间必要构成图

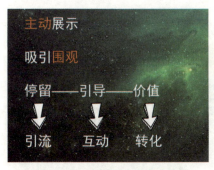

附图5-39　直播场地设计原理图

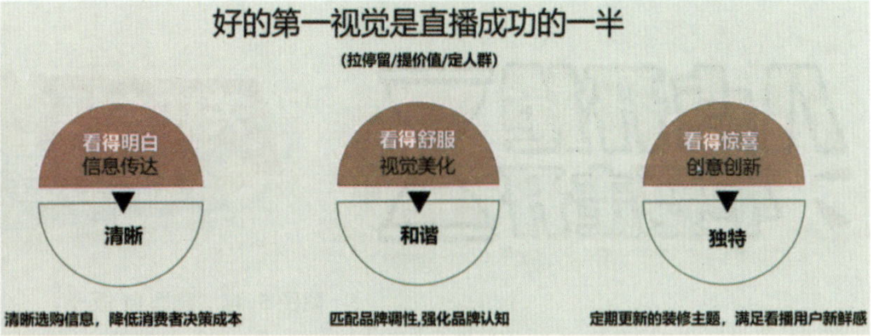

附图5-40　直播场地设计目的图

用户看到直播间的第一感觉就是视觉，在搭建直播间场景时应该清晰展示选购信息、福利等以降低消费者的决策成本，有品牌的商家根据品牌调性，强化品牌认知，不定期更新装修主题，满足用户的新鲜感。

（1）直播间场地分类：室内实景+室内虚拟、室外。

（2）直播间场地规划示例附图5-41所示。

直播间搭建技巧：想要直播间看起来更长，可以在背景增加沙发、地毯等装饰物，拉升直播间层次感，想要直播间看起来更大，利用对角线的视觉差，提升视觉感。

三、直播灯光布置

直播灯光布置如附图5-42、附图5-43所示。

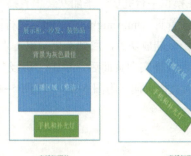

附图5-41　直播间场地规划示例图

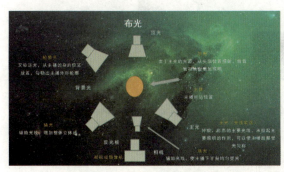

附图5-42　直播灯光布置介绍图

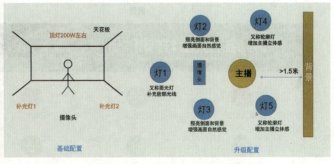

附图5-43　直播灯光布置配置图

第二部分 实训操作

【实训主题】搭建直播间场景。
【实训目标】掌握直播间基本构成,学会场地和灯光布置,搭建与直播产品相适应的直播间。
【实训场景】在导师的指导下进行"华丽女装"店铺的直播间布置与搭建。
【实训内容】
1. 准备"华丽女装"直播间产品陈列和布置物料。
2. 在模拟平台和直播现场完成"华丽女装"直播间的搭建。

【实训操作】
（1）根据直播选品准备直播所需产品实物,制作简单直播用卡片等物料。例如,可制作促销用卡片、"华丽女装"尺码表等（附图5-44）。

附图 5-44　直播 kt 板

（2）完成直播间的搭建。
1）在模拟平台完成"华丽女装"直播间搭建。
①登录首页（hn.wangluocy.com）进行网络创业实训,单击"我的",登录自己的账号,输入自己的账号和密码,登陆成功后,回到首页,单击"实训",进入直播实训页面（附图5-45）。
②进入直播实训页面后,单击"班级",在班级页面中单击直播列表,然后单击面左下角黄色摄像机logo,进入直播页面（附图5-46～附图5-48）。

附图 5-45　"实训"进入界面

附图 5-46　"直播实训"页面主页

附图 5-47 "班级"页面

附图 5-48 "进入直播页面"按钮

③在该页面装饰实训平台直播间，根据需要更换特色直播封面，添加浮层及产品上下架管理。单击方框内的"更换封面"，即可完成封面的更换。单击"浮层管理"，即出现文字浮层与图片浮层的设置，可在浮层上添加产品细节图、尺码表等重要信息，按照要求填写好浮层内容即可。单击"商品管理"，页面即会出现于首页（hn.wangluocy.com）上架的商品，选择是否上架，勾选后单击"确定"，便为上传成功。在做好所有准备之后，单击"开始视频直播"按钮，开始直播（附图 5-49～附图 5-51）。

附图 5-49 直播间装饰页面

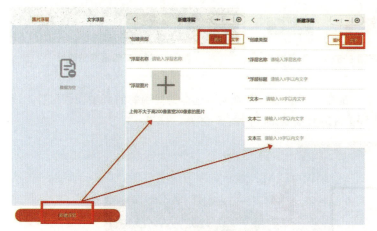
附图 5-50 浮层建立流程图

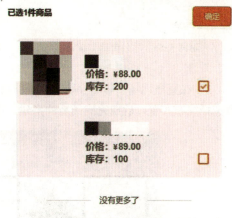
附图 5-51 直播"商品管理"界面

④开始直播后，可点击右下角第二个按钮展开直播装饰页面，如附图 5-52 所示，出现转换摄像头、扬声器开启、浮层设置、公告语设置，直播暂停恢复五个功能（附图 5-53）。

附图 5-52 "直播功能展开"按键

附图 5-53 直播功能页面

若想显现直播前设置的浮层效果，单击"浮层设置"，即显示于直播前设置的浮层内容，勾选相应选框即可显示效果，如附图5-54、附图5-55所示。

附图5-54　直播浮层设置　　　　　　附图5-55　直播浮层效果

单击"公告语"按钮（附图5-56）对话，在弹出的框内填入公告内容，单击"立即推送"按钮，如附图5-57所示。公告内容将在直播间上方循环播放，达到良好宣传效果，如附图5-58所示。

附图5-56　"公告语"按钮　　　　附图5-57　广告语推送　　　　附图5-58　广告语推送效果

2）在直播现场"华丽女装"直播间搭建。配合"华丽女装"店铺，选择一些温馨的直播场景布置，或者选择绿布布置，后期完成场地的搭建，达到更好的直播效果（附图5-59）。

附图5-59　直播现场布景图

任务四 直播团队组建及话术设计

第一部分 知识准备

一、主播篇

1. 主播的分类

六大类型直播电商主播分析见附表 5-1。

附表 5-1　六大类型直播电商主播分析

主播类型	主播职能	直播带货优势	流量来源	货品来源
专业主播	专业导购 品宣较弱	专业性强 懂产品 懂用户	原始流量平台扶持 长期积累 沉淀粉丝	品牌商直供为主 少数头部主播自建供应链
网红/自媒体主播	个性显著 导购为主	影响力较大 辐射面广 内容趣味性强	社交媒体中有一定粉丝基数	品牌商直供为主 部分主播拥有成熟供应链
明星/名人	品宣为主 以个人知名度提升品牌知名度	曝光度极高 粉丝黏性高	饭圈粉丝为主	品牌商直供为主
各转型线上的线下行业人员	卖货为主 基本无品宣	价格优势较大	线下场景积累粉丝	工厂直供/供应链为主
企业家/总数	品牌/个人背书 提高用户信任度	拥有产品决策权 了解产品 核心用户信任度高	品牌粉丝为主	自有厂商直供 以经销商供应为主
政府机构人员	社会公信力强 品宣+导购	权威性强 用户信任度高 号召力强 多为公益直播	地域/产地/产品粉丝为主	原产地产品为主 部分品牌商直供产品

店铺主播与达人主播示例如附图 5-60 所示。

2. 主播人设

销售型主播是未来直播电商主播群体最稳定的增量。

创造服务增量：通过延长服务时间、扩大服务半径、丰富服务形式捕获用户新触点。

建立有效对话：实时互动、即时解决，所见即所得，极大提升传统客服流程效率与体验。

可以规模复制：素人主播缺乏的直播基本技能可通过企业内部统一培训来提高，培育成本低、见效快，可以把握利润（不同于与流量型主播合作）。

直播时无须总用超低折扣进行售卖，可自己把握利润区间。

附图 5-60　店铺主播与达人主播示例图

弱人设：卖货靠低价，爆单靠缘分，无法维持高在线；

强人设：粉丝黏性强，开播流量高，客单价高，复购频率高。

品大于人：根据品牌的调性，选择契合品牌的造型，一切以与品和谐角度出发；

人大于品：用自身吸引的流量促成商品的成交。

Tips：太平鸟女装官方旗舰店主播团队人设：2021.1 PB 女团正式出道，打造不同主播不同人设，人设吸粉，完成铺垫（附图 5-61）。

附图 5-61　太平鸟女装官方旗舰店主播团队

3. 主播必备能力

专业度：对产品的了解，对专业知识的了解。

感染力：能带动直播间节奏，让用户跟着主播的逻辑走。

表达能力：口齿清楚，逻辑清晰，引导能力强。

亲和力：用最好的态度去服务用户；

表现力：注意仪态、形体，长时间保持良好的观感。

应变能力：做好应对实时突发情况的准备，不慌张，用最大的努力挽回不可预计的事情。

镜头感：对象感、表演感、新鲜感、面部表情、手势、眼神对视。

4. 主播的形象气质

（1）外在个人形象。观众对直播间的第一印象往往来源于主播的外在形象，因此带货主播要从各个方面去提高并维持住自身的良好形象，以保证直播间观众的观感。

（2）内在个人气质。个人气质往往影响着品牌调性及直播间整体的协调性，主播需要契合所播类目，高客单类目主播最好优雅得体，低客单类目主播接地气反而会更受青睐。

（3）主播形象管理。

妆容细节决定观感质量，如附图 5-62 所示。

主播服装配饰如附图 5-63 所示。

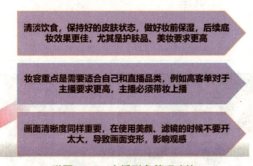

附图 5-62　主播形象管理建议　　　　　　附图 5-63　主播服饰搭配图

小配饰也能拉停留，如附图 5-64 所示。

表情管理如附图 5-65 所示。

整体仪态如附图 5-66 所示。

附图 5-64　配饰示例图　　　附图 5-65　表情管理示例图　　　附图 5-66　主播仪态要求

5. 主播的销售技巧

（1）销售四步法，如附图 5-67 所示。

（2）不同品类展示动作如附图 5-68 所示。

附图 5-67　销售四步图　　　　　　附图 5-68　各类商品标准展示动作

适当使用小道具也能有大用处，如附图 5-69 所示。

（3）直播启动期主播动作详解。

直播间的小动作也有大影响，如附图 5-70 所示。

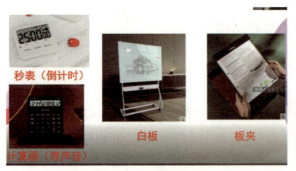

附图 5-69　小道具示例图

附图 5-70　肢体动作影响

肢体传达出的信息信号如附图 5-71 所示。

直播是要把话说清楚，即吐字清晰、说话流利。新人口才锻炼四大要点如附图 5-72 所示。

附图 5-71　肢体传达信息信号图

附图 5-72　口才锻炼四大要点

6．主播能力的转化与提升

（1）主播专业性要求如附图 5-73 所示。

（2）主播专业知识的使用与转化。

1）只讲对，不讲多，言多必失。

2）运用生活中的常见例子，提供解决办法。

3）用品吸粉，用粉转变为自带流量的带货达人。

4）控制自己的直播节奏，让用户有良好的体验感，让团队有更好的氛围。承接得住流量，增加用户的停留时长，完成转化。

附图 5-73　主播专业性要求

主播遇到突发情况的处理：面对在线观看突然上涨，在线观看突然下跌，黑粉直播间带节奏，直播时说出违禁词，直播间没有运费险，来自品牌的黑历史，后台链接出错，直播中发现无库存等问题能随机应变。

（3）主播误区与反思：只要直播就有订单，每日无新准备开播，想好好做却懒惰，只会抱怨，不想办法，安于现状，兴趣作祟，忽略本质，意气用事，急于求成。

7．产品介绍方法

（1）引关：给理由—给指令—给动力—不间断引导。

例如，第一次来到直播间的宝宝，咱们可以先不买东西，可以先左上角点个关注，因为你可能现在对我们直播间还不太了解，没关系，咱们多看几次，你们就知道我们直播是品质高福利好的直播间。

今天是主播我的生日，感谢这么长时间粉丝们的支持，所以今天有超级大福利（给出福利的理由）。一号链接是我们精心准备的宠粉款，只有粉丝宝宝们才能享受的福利，不是粉丝的宝宝们享受不到哦，所以赶紧点一点关注，加入我们的粉丝团。

新进来的宝宝可以给主播一个关注，关注主播不迷路哦（循环话术）。

（2）留人：黏人、锁客（活动说明、因果关系），要明确给出用户停留的时间。

例如，公司赔钱给我们做活动，优惠力度就两个字：疯狂！

我们也是刚开始做直播，需要宝宝们的支持，很多东西真是赔钱卖！

小红心给主播点一点，数量达到×××就给你们送好礼！

520 大促，下单即可享受 100 减 10、200 减 30 的满减优惠券！

（3）产品进入及讲解，如附图 5-74 所示。

产品介绍可使用 FABE 法则：特性（features），即产品本身具有的特性；优点（benefits），即产品特性引导出的优点；利益（advantages），即能满足客户的某种需求；证明（evidence），即使介绍内容更具真实性（附图 5-75）。

附图 5-74　话题引出

附图 5-75　FABE 介绍法示例

说服五大技巧：痛点挖掘—案例举证—营销利益—品牌背书—放大功效。

（4）促单销售。

1）危机感—限时间，制造紧迫感。

2）限名额，制造稀缺性。

3）限身份，营造特殊感。

4）限单数，营造紧缺感。

常用促进转化话术如附图 5-76 所示。

附图 5-76　常用促进转化话术示例

二、助播篇

直播不是单人脱口秀而是群口相声，助播是主播的最强助手。优秀的直播助理，可以帮助主播掌控直播节奏，控屏，控场；优秀的直播助理，可以帮助主播准备道具和备播产品；优秀的直播助理，可以帮助主播处理紧急突发情况，平复情绪；优秀的直播助理，可以帮助提高主播的粉丝黏性和单场关注量；优秀的直播助理，可以配合主播，自造噱头和问题，不冷场，为爆单蓄力。

1. 助播的分类

好奇宝宝型：不出镜，画外音，和主播互动回答提出问题。

小白鼠型：充当模特或者"小白鼠"，为粉丝牺牲。

复读机型：频繁提示用户关注主播，宣导产品优势，介绍活动。

2. 助播的必备技能

助播的必备技能有熟悉货品、准备促单道具、情况应对、制造噱头。

例如，主播助理的重要工作讲解——问题互动：主播向助理提问；助理自造问题提问主播（提示卖点）；助理挑选粉丝问题提问主播（选择性挑选）。

主播助理的重要工作讲解——秒杀配合：主播询问助理库存；主播安排助理沟通厂家；主播质问助理价格为什么标错。

3. 助播常用促单动作详解

助播及时补充、接替主播，如附图 5-77 所示。

附 录

长时间直播，主播离席和中场休息时助理及时补位维持直播间热度

附图 5-77　主播动作详解

三、话术篇

（1）优秀直播话术的评判标准：讲清楚—摆证据—听明白—带情绪。

（2）话术价值感塑造的关键：使用价值、情感价值、社会价值。

（3）高成交话术的炼成：换位思维、共情思维、破冰思维。

（4）话术的主要类型及案例。

1）增加用户观看的话术见附表 5-2。

附表 5-2　增加用户观看的话术示例

类型	玩法	话术
福利报告	"等等有福利！"	1. 助播："晚点给大家上福利。"主播："我知道。"
		2. 等我上链接×××，等我给你们秒杀
	"错过等一年！"	1. 今天是清仓，所有衣服都会给你们清掉的啊，不用着急，所以说一定不要离开我们直播间。因为有可能你一出去就错过了你想要的那一件
		2. 衣服裤子都有的啊；速度很快，1分钟走一款啊，买完了就没有了
	"新来的宝宝我看到你了！"	1. 新来我直播间的飘一个1，我给你们走福袋
		2. 刚刚进入直播间，宝贝不要走，我们家是源头工厂，我们衣服不只好看，品质和品牌一样
货品预告	"你想要的款，我待会儿给你上！"	要×××款的宝宝不要走开，我们马上给你们上
娱乐事件留人	"大家一起来玩游戏"	看看，今天这个3 000元的红包到底谁拿走啊，看今天这个3 000元的红包到底谁拿走好，哈哈来俩好啊，准备，3、2、1！三块五哈，哈哈，恭喜啊
	"真情流露，打工故事讲起来"	浒城古娘的主播讲述自己的抖音直播创业历程，吸引很多粉丝观看

2）链接的话术见附表 5-3。

附表 5-3　上下链接的话术示例

类型	玩法	话术
上架	"倒计时，上链接，拍×号链接"	1. 原价1 899元的大衣，所有扣1的女生准备好啦，减100元，减200元，减300元，减400元，减500元，再减100元，总共减600元，到手1 299元，也不要，现在倒计时5、4、3、2、1，改价！1 289元。好准备3、2、1，开链接加库存！
		2. 5秒扣起来，4秒扣起来，3秒扣起来，2、1！上链接！大家快去拍，拍到的扣"拍了"！

续表

类型	玩法	话术
上架	"想要的扣×××，扣满×× 给你们优惠。改价格上链接"	1. 想要的满屏扣"1"，把小"1"扣起来，我看下人多不多，多的话给你们来一个拼团，凑够100个小"1"我们就开团，我们就上链接开团购。 2. 限量100份啊有没有想要的宝宝，想要的扣"想要"啊！一会介绍完给大家上秒杀链接！ 3. 宝宝们扣"想要"扣起来！助理统计一下啊，前100个扣的人，一会倒计时5秒上链接！
下架	"3、2、1！下架"	1. 我们倒计时3秒就给大家下掉了，下掉就再也没有了，3、2、1！好了下掉了。抢到了的宝宝扣个"抢到了"！
	"最后5件！最后1件！卖完了！"	1. 现在就剩10件了，还有8件，5件……最后1件啦，全部卖光了！ 2. 啊，没有了，没秒到的家人打上"没有"两个字，人多我再上一波！来运营再加50单，10秒我就过品了！

3）用户下单的话术见附表5-4。

附表5-4 用户下单的话术示例

类型	玩法	话术
紧张氛围催促法	"库存不多啦，早买早发货"	1. 发货：早下单早发货哈/三天内发货 2. 货品不多：这款米色不多了，这款套装宝宝总共剩了一百来套了，他没有那么多了。宝宝抓紧来下单，而且这款是秒啊，秒完就下车了
	"卖好货要抢！"	1. 抓紧下单：××号链接已经下了，抓紧下单，抓紧你们的手速去下单（主播情绪激动，助播在旁边激动地报库存） 2. 倒计时：倒计时×××，这波过了就没有了 3. 提高付款率：还没付款的我们要踢人咯
取消顾虑法	"你穿这个码，好看不显胖"	1. 尺码：××斤建议宝宝拍X码，都是可以穿的哈~不用担心 2. 这个衣取不会让你显胖的，××斤的朋友不用担心，不显胖 3. 小个子的姐妹们可以买短款（特定人群号召），小腿粗高个子的姐妹可以买长款
	"优惠已送到，放心去拍吧"	××号链接已经给你改过价格了（很优惠），可以放心去拍
	"发货快、不满意可退换"	苏州的话隔天就到了宝宝，我们是江苏无锡发货的啊，来宝宝们是有运费险的啊
特定款指引法	"买这款有福利"	下单这个（单品），送×××（有赠品）/短视频or直播间评论抽免单（有概率名单）
	"这是主播自留款"	我自己有一件私人定制的三千多，然后我们这款明星同款只卖一千七百八，我们直播的时候我马上下单了（比货、主播自己下单款）
提高客单价法	"多买多送"	1. 下单满多少送××× 2. 买满××，领××元优惠券 3. 买2件送×××
回复肯定法	"谢谢宝宝支持"	1. 已经下单了，是吧，好的。谢谢你们的支持 2. 抢到的记得回来打三遍抢到了

（5）话术公式。

1）爆品。产品辨识度较高，在市面上存在一点热度，价格方向并不优惠，但数量较少，可以强调市面上的火爆及难买程度。

话术公式：产品引入 5%+ 卖点介绍 40%+ 引导下单 55%

产品引入 5%：强调火爆程度且稀缺。卖点介绍 40%：痛点 + 场景 + 卖点。介绍产品独特卖点的同时继续插入火爆程度刺激消费。引导下单 55%：穿插库存量变动，营造出紧张感，加快成单。

2）福利品。重点放置在优惠福利、数量部分，提示用户限时限量，营造出一种不容错过的氛围。

话术公式：产品概述 10%+ 卖点介绍 20%+ 场景营造 30%+ 福利优惠 40%

产品概述 10%：产品基本信息，市场反响、适用人群 / 场景。卖点介绍 20%：材质或技术上卖点，让观众有种"用得上、值得买"的感觉。场景营造 30%：展示产品不同搭配下的效果。使用场景及适用人群 福利优惠 40%：通过福利放送、折扣、优惠券、库存等，不停刺激用户。

3）基础品。商品自身及价格存在优势较少，都是以介绍产品特点、上身展示为主，整体话术偏短，讲解比较细致。

话术公式：卖点介绍 50%+ 引导 50%

卖点介绍 50%：直观地展示基础品的效果、细节、材质、场景、人群等基础信息。引导下单 50%：基础产品几乎不存在优惠信息，可以用优惠、品牌背书、售后等引导下单。

4）主推品。产品与市面上同类对比，表现产品的独特性，是自己主推的产品。

话术公式：场景营造 5%+ 同类品对比 15%+ 卖点介绍 30%+ 场景介绍 20%+ 福利优惠 15%+ 卖点强调 15%

场景营造 5%：结合产品特点，模拟产品使用场景对应出适合人群，让用户"对号入座。同类品对比 15%：列举一线品牌，和自家风格对比，凸显优势和创意点。卖点介绍 30%：镜头展示材质、细节特点。场景介绍 20%：不同使用场景介绍，增强产品的实用性，激发观众购买欲望。福利优惠 15%：强互动、福利放送，福利折扣预告。爆款新品卖点强调 15%：多次重复重要卖点，说明自家优势。

5）组合品。价格在组合出售时有一定的优势，单件产品买多件满减，套装产品组合购买有优惠，在讲解中注重组合满减的福利。

话术公式：组合主推卖点介绍 20%+ 组合主推优惠福利 25%+ 组合搭配卖点介绍 20%+ 引导下单 35%

组合主推卖点介绍 20%：阐述套装内更加热销的产品，从材质、上身效果、细节等方面讲述。组合主推优惠福利 25%：组合产品相比单品更划算、更经济。组合搭配卖点介绍 20%：组合搭配品的材质或技术上的卖点，分享体验及细节特点。引导下单 35%：刺激用户指出套装更加优惠福利。

6）高端品。品质好、客单价较高，讲述产品时利用品牌背书，内容更侧重品质。

话术公式：卖点介绍 40%+ 场景氛围 20%+ 引导下单 40%

卖点介绍 40%：利用产品 / 品牌背书，讲述产品品质，让用户明白为何价格相对同类产品有差别。比如"专柜橱窗款""×× 联名""×× 同款"。场景氛围 20%：介绍场景使用场景，场景营造，与自家平价品质做对比，突出物有所值，增强用户下单决心。引导下单 40%：主播通过福利放送、折扣等方式刺激观众，让观众产生"真的很实惠，不买就吃亏"的心理感受，促进下单。

(6) 长短双循环话术切换节点。长短双循环话术切换节点如附图 5-78 所示。

(7) 主播话术技巧。

1）影响用户消费的因素。影响用户消费的因素有人物、平台、商品、品牌、服务、体验等，对症下药。

2）揣摩不同性别的购买心理。男性审美是线，过线才是美；女性审美是点，到点就是美。

附图 5-78 长短双循环话术切换节点

话术设计的重要性：话术是产品特点、功效、材质等方面的口语化表达。话术是主播实现成交的关键。话术是吸引粉丝停留的关键。

3）话术使用注意事项。不要一直用嘴说，还要搭配一些肢体动作；灵活使用话术，适度回应粉丝的正向提问；可以照着话术念，但是一定要有情绪表达。

4）描述，报价，逼单话术提炼。描述商品有三种方法：对比法描述商品，建立优惠值；体验法描述商品，建立环境感；实验法描述商品，建立信任感。

5）报价话术的技巧。锚定对比；成本拆解法；限时间，制造紧迫感；限名额，制造稀缺性；限身份，营造特殊感。

6）单品演绎技巧的步骤。消费者痛点挖掘；放大产品功效讲解；列举身边案例；营销利益点；品牌背书；限单数，营造紧缺感。

7）主播促单的方式方法。引导购物：联想、从众、活动支持，优惠券支持；辅助选择：打消用户顾虑、快递促单，断货促单、服务保障。

案例：预热开场环节，话术要点：问好，拉家常，试水。

宠粉款×××眉笔直播间话术（单款循环时间建议10～15分钟、正常循环场次建议3～4轮）

开卖价：89元，直播价格：29.9元买一发二，全场满69元粉丝团直接送。

销售亮点：×××眉笔/眉笔三种用法一支搞定/上妆更快更容易/史无前例回馈价！

【配套动作】敲敲手机屏幕

宝宝们，直播间里的宝宝们，你们都注意了！我们今天的重头戏来了！

首先我先来做一个调查，请用过彩妆一线品牌×××的宝宝在直播间内给我扣个1！

我再换一个问法。基本上这个牌子不管你是男生女生阿姨大叔，就没有人没听过！家喻户晓的彩妆品牌！是不是！一句×××的广告打到多少仙女心里去了！（利用品牌影响力造势）

我告诉你们！你们今天进到我这个直播间，一定是赚到了！看着我的眼睛，我和你们说！宝宝们你们真的是赚到了！

【配套动作】"我告诉你们！"边说边拍手，
"看着我的眼睛，我和你们说！"指着眼睛。

促单转化环节，话术要点：紧迫感、限量感、危机感。

【配套动作】走到展柜旁边给大家看一下原价标签。

【注意】凸显实体店/价格/产品优势。

今天呢，一开始我也跟大家说了，你们进到我的直播间里面你们一定赚到了！我说我要给大家送福利，那么我肯定不会食言。我一定说到做到，我们今天要送要搞福利，我们就送它个彻彻底底，要搞我们就搞最大的！

我也不多说，原价89元的眉笔，我们在店里面一分不便宜的，今天我给你们打个5折！我半价！我45块钱卖，你们要不要！要的来给我打个要！（为29.9元销售做铺垫）

姐妹们！宝宝们！你们都别着急，也别激动，这才哪到哪儿啊？我告诉你今天×××这么好的眉笔，我们店里卖89元的！可以眉笔眉粉二合一的，一支笔能打造出三种眉毛妆效的！防水防汗不脱妆！我今天在直播间里面不要89块钱。我也不跟你们扯什么49块钱、39块钱，今天我们×××集团搞活动。我们×××为了回馈这么多年来，新老顾客对我们的支持和帮助，我们今天给你们放血本儿。打5折都对不起大家！我们今天给你们直接给你打到骨折！实体店89块钱的眉笔，今天我直播间里29.9元抢！不是一个，是两个！对你没听错！这么好的一个眉笔，29.9元！而且我还送你一支替换芯儿，相当于你29.9元买了两支××的眉笔。

【配套动作】拿起替换芯给大家看一下。

优秀话术包含的内容总结：

开场破冰要内涵，主播个性要鲜明。

状态激情需点燃，黑粉永远是贵人。

表情动作要丰富，幽默段子常积累。

巧用问题控全场，生活感悟勤分享。

多说礼貌感谢语，游戏简单易参与。

音乐互动要到位，抽奖红包提前备。

特殊技巧做预备，一唱一和巧促单。

8）话术编写逻辑及案例。

话术框架重点：话题引出期 15 s—产品介绍期 1 min—促单期 1 min—卖点循环期 45 s（附图 5-79）

附图 5-79　话术框架重点

例如，憋单 F 款——××牌梦幻系列蒸汽眼罩，天猫价 15 元，直播价 9.9 元。

销售亮点：缓解眼部疲劳；发热时间长；发热均匀；有香无香选择；不刺鼻。

话题引出期：15 s。

直播间有没有长期熬夜，经常对着手机、计算机，用眼过度的宝宝？你们是不是经常会觉得眼干眼涩眼疲劳？那这款蒸汽眼罩你们一定要入！

像我每天要直播，对着手机、计算机就是一整天，眼睛总是会干涩！这个眼罩是我每天一定要用的，它真的特别舒服！

产品介绍期：1 min。

它是 42 度恒温的，就是那种温热的感觉，发热均匀，不会像贴了个暖宝宝一样烫到你发慌！而且它的发热时间是半个小时左右。

（副播：宝宝们，我们家这款蒸汽眼罩会比你们在市面上见到的蒸汽眼罩，发热时间更久一些！）

没错！而且我们这个挂耳的弹性也很好，不会扯得你耳朵疼！（配套动作：展示挂耳弹性）

这款蒸汽眼罩是我们××和××的联名款！光看这个包装就爱了，满满的少女心！一盒里面是有 5 片，每一个都是这种可可爱爱的独立包装，不管你是出差还是旅行，带着都很方便！

（配套动作：展示产品包装和数量）

（副播：真的非常好看！我每天上下班回家都会用它！真的特别舒服！味道也很好闻！）

对吧，我特别喜欢 Hello Kitty 的那个，它是淡淡的樱花香！

宝宝们！我们家的蒸汽眼罩有有香和无香两种选择，而且香味也很多！像茉莉香、风信子、樱花等，每个味道都是淡淡的清香，特别好闻，有助睡眠！

促单期：1 min。

这么好的产品，我们某猫某宝、门店都是 15 元一盒，今天我们直播间给到大家宠粉价格！个位数的优惠给到大家！9.9 元！给不给力！（助理、副播：给力！）但是宝宝们，因为这个价格实在是太优惠了，总部只给到我们直播间 20 单的优惠名额！所以大家准备好你们的手速，准备好去拍！来，不磨叽！运营直接给我上架！

（运营：上好了！1 号链接！9.9 元包邮到家！）

（配套动作：促单环节背景音乐起）

（下单演示）助理：来宝宝们，我来教大家怎么下单！点击下方小黄车，选择 1 号链接，点"去抢购"，选择你想要的香型，点击"立即购买"就可以了！我们家这款分有香型和无香型，大家根据自己的需求选择购买！今天我们直播间给到 9.9 元包邮到家的宠粉福利！大家抓紧时间去拍，抓紧时间去抢！

（配套动作）：助理在镜头前进行手机演示下单操作，主播/助播可以一起抢着下单。

来，宝宝们！抢到的一定要回来扣抢到了。主播给你安排优先发货！宝宝们，这么优惠的价格！你们能拍 2 盒的就不要拍 1 盒！能拍 3 盒的就不要拍 2 盒！多拍多优惠！

（副播：宝宝们！数量不多，名额有限。这么好用又便宜的眼罩，大家抓紧时间去拍！抓紧时间去抢了啊！宝宝们可以每个香型都拍一个啊！）

促单卖点循环期：45 s。

没错宝宝们！无论你是经常要对着计算机对着手机的上班族，还是学生党，蒸汽眼罩你们都要备起来！今天还给到大家这么优惠的价格，宝宝们，你们能多囤几盒就多囤几盒！这么优惠的价格，明天你再来直播间就不一定还会有了啊！数量也确实不多了，大家抓紧时间去拍了啊！

运营：还有最后 8 件！

助理：宝宝们！数量不多，名额也不多，这么好用又便宜的眼罩，而且还是我们 ×× 牌子的，还是和 ×× 联盟的，这个价格都不抢还等什么呢！宝宝们！大家一定要抓紧时间去拍！

宝宝们，平时工作学习出差旅行途中，只要你觉得眼睛不舒服需要休息就用它！休息二三十分钟的时间，能够及时缓解眼部疲劳！

像上班的姐妹们，中午你们就可以用咱们家的蒸汽眼罩，遮光的同时还能帮你缓解眼部疲劳！这就是你的午睡神器啊！（助播：一杯奶茶都不到的价格，相当于你做了 5 次的眼部 SPA，真的是超级划算了啊！）而且还有一个小技巧，低头族的姐妹们，我们除了用它来舒缓我们的眼部，等你敷完眼之后可以利用余温热敷颈部，给你紧绷的肌肉放个松！

运营：还有最后三件！就剩最后三件了啊！赶紧去拍，拍完下架了！

第二部分　实训操作

【实训主题】直播团队组建及模拟平台直播实操。

【实训目标】组建直播团队，并能开展直播实操。

【实训场景】在导师的指导下在模拟直播平台进行"华丽女装"直播实践。

【实训内容】

1．组建直播团队，明确团队分工。

2．利用本次任务所学撰写至少 5 分钟的直播话术（直播脚本）。

3．团队配合在实训平台上开展至少 5 分钟的直播实践。

【实训操作】

（1）针对直播产品，组建 1～3 人的直播团队，明确团队分工。

（2）开展团队讨论，按所学话术知识，撰写至少 5 分钟"华丽女装"直播话术脚本。话术脚本撰写时可参考三三式话术写法。

实操参考：

三三式话术结构拆解：

三个层次：整体—总 60 s、细节—分 60 s、整体—总 60 s；

三段式：卖点陈述、价格冲击、场景进阶。

三三案例示范：

找到痛点，放大痛点：早上时间紧张来不及做饭，不吃早饭对胃不好。

引出卖点，放大卖点：晚上弄好定时，早上吃正常的、香喷喷的米饭。

降低门槛：限时特卖，赠品有限，先到先得。

客户见证：用户说好才是真的好。

场景塑造：都有什么人也是用这个的，都有什么场景是可以用这个的。

引入互动：自造问题，放大正向反馈。

三三话术引发互动后怎么办？

写保证书—假如我是你—限时限量—我帮你算账。

45 s 高频小循环直播话术：卖点排比式输出—15 s、直播间优惠福利—15 s、场景化打造—15 s。

例如，场景化打造。

怎么介绍场景？最简单的方法就是多用比喻句把虚的比喻成实的，实的比喻成虚的。

某主播在推荐香水的时候，就会把看不见摸不着"虚"的香味比喻成：恋爱中的少女开心地去找男朋友，那种很甜的感觉；屋顶花园，斩男香，非常适合夏天；穿着白纱裙，在海边漫步的女生，非常干净的那种感觉；下过小雨的森林里的味道。

这样富有场景感的实体描述，即使观众闻不到味道，但基本上也可以想象到香水带给人的感觉是什么样的，从而打动观众购买。

在推荐口红的时候，会把口红涂在嘴巴上的"实"况，比喻成：爱马仕在你的嘴巴上；嘴巴很贵的颜色；看看我的嘴巴呦，是18岁少女才有的吧；太心动的感觉吧，人间水蜜桃就是你；有一种莫名其妙的可口感；很有知识的女生，神仙色；啊，好闪！5克拉的嘴巴。

这样虚实结合，让人浮想联翩的直播带货话术，让人忍不住想"我用了这款口红就变成了18岁""我用了这款口红是不是就变得很甜"等，从而激发观众的购买欲。

（3）进入实操平台，团队配合完成至少5分钟的直播实践。

1）登录首页（hn.wangluocy.com）进行网络创业实训，单击"我的"，登录自己的账号，输入自己的账号和密码，登陆成功后，回到首页，单击"实训"，进入直播实训页面。

2）进入直播实训页面后，单击"班级"，在班级页面中单击直播列表，然后单击页面左下角黄色摄像机logo，进入直播页面（附图5-46～附图5-48）。

3）单击"开始视频直播"按钮，开始直播，如附图5-49所示。直播过程中会有客户提问或购买等场景模拟。单击直播界面右下角结束按钮可结束直播。如附图5-80所示。

4）直播过程中出现特殊情况，需要暂停直播，单击如附图5-81所示按钮暂停即可。

直播过程中若需要调整商品，单击右下角按钮，即可管理商品的上架、下架与讲解（附图5-82）。

5）直播结束，单击右下角"结束"按钮即可结束直播，单击"确认"便会弹出本场直播的所有数据，便于后期复盘（附图5-83）。

回到主页，单击"我的"→"直播记录"，便可回看直播全过程（附图5-84）。

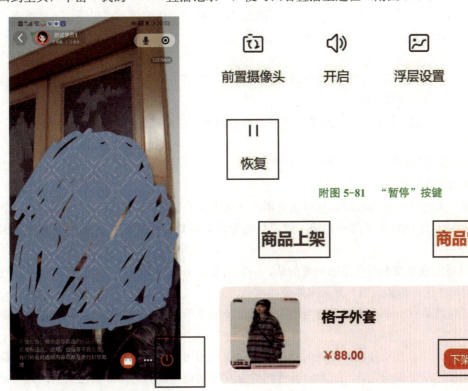

附图5-81 "暂停"按键

附图5-80 直播界面

附图5-82 直播内"商品管理"页面

附图 5-83 直播回顾　　　　　　附图 5-84 查看"直播回放"步骤

任务五　直播间数据分析

第一部分　知识准备

如何知道观众对你直播的内容喜不喜欢？后台的数据会给我们一个直观的答案。而且后台数据还会告诉我们粉丝的年龄，是年轻人居多还是中年人居多，是女人多还是男人多。

我们在分析后台数据后，针对性修改直播方式、内容、品类，会有效地增加粉丝的黏度。抖音直播的好内容并不是平台说了算，而是粉丝说了算，粉丝给你的点赞、转发、评论多，点击率、下单率高，你的直播才是受欢迎的，平台也会给你的账号更多的推荐流量资源。

一、数据诊断

抖音直播间数据分析需要围绕"带货"这个核心目标展开，这其中就涉及"人、货、场"三个概念，也就是抖音带货的流量、商品和直播间。

这三个概念组合起来，就是抖音直播电商需要关注的核心问题，也是我们数据分析的重点。

二、直播间关键指标

（1）销售额：销售额是最能体现直播带货能力的数据指标，但是需要综合分析一段时间内的数据走向，才能更真实地反映主播的直播带货力。

可以通过观察近 7 天的带货直播数据，从每场直播的预估销量和销售额，可以看出一段时间内的直播带货效果是否稳定。一旦出现数据下滑的趋势，就要找出原因，尽快调整策略，才能保证直播数据的稳定性。

（2）转化率：直播间观众如果对商品感兴趣的话，一定会有点击购物车查看商品详情的操作，这一点可以通过直播中出现的"正在购买人数"弹幕来体现。

也可以查看直播间商品点击率，快速了解直播间的流量转化效果，及时调整投放策略，提高直播间的总销售额（GMV）。

（3）直播间留存率：用户在直播间停留的时间越久，说明直播间的内容越有趣。直播间的人气高，系统就会把你的直播间推荐给更多的人看，这和抖音视频的推荐机制是相似的。所以留住直播间的粉丝、提高粉丝留存时间对于直播间上热门是有很大帮助的。

(4) 直播间互动率：直播观众的互动数据是可以看出用户的购买倾向和主要需求的，最主要的就是弹幕词。

通过弹幕词数据，可以知道粉丝都喜欢聊什么，下次直播的时候就可以多准备一些相关的话题，来调动直播间气氛。也可以了解观众对哪些商品的兴趣比较高，在之后的直播中可以持续进行推广。

(5) 五维四率：如附图5-85所示。

通过五维四率指标可以查看诊断直播间细节问题：直播间曝光人数（单场直播流量）、进入直播间人数（场观）也就是曝光进入转化率。这里指标有三

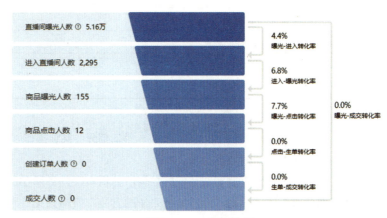

附图 5-85　五维四率图

个因素影响：第一，直播间场景，用户看到直播间的第一感觉就是视觉，直播间场景直接决定用户是否会不会进入你的直播间；第二，主播的状态和声音的穿透力；第三，抖音平台对账号的了解，也就是标签准不准确，给账号推送的用户是否符合产品的对应受众人群。

三、复盘与解决方案

1. 内容

直播内容质量自检清单见附表5-5。

附表 5-5　直播内容质量自检清单

直播内容质量自检清单	
直播间布置，视觉效果差	导致时长低，跳失率高（10秒是有效客户，否则跳失）
主播状态低迷，不吸引人	直接影响直播推荐的点击和进入直播间以后的跳失率
选品受众不喜欢	导致无法留住人，客户不愿意为了自己不喜欢的东西停留和互动
活动设计与互动执行有问题	节奏控制差，互动率差
商品本身复购率低	导致粉丝关注价值低
主播引导少或者有问题	转粉率低

2. 电商

电商问题自检与投放效果检查见附表5-6。

附表 5-6　电商问题自检与投放效果检查

问题自检	
内容不垂直导致流量不精准，引起转化低	排查内容质量与垂直度
内容视觉调性差，客户信任感缺失	导致转化率低
商品组合销售与搭配方案有问题	导致客单价低
主播讲解能力与引导成交能力差	转化率低
直播间陈列与商品展示效果差	转化率低，客单价低
选品（受众度、需求度、直播展示性、性价比）	转化率、客单价、客单件
投放效果检查	
内容创意差	点击率低，播放低

续表

投放效果检查	
主播口播能力、互动能力	转化率、roi、投放效果
内容不垂直	流量不精准，跳失率高
直播间视觉呈现差	转化率低，没有观看购买欲望
选品问题（价格、品质、受众人群）	转化率低，roi 低

第二部分　实训操作

【实训主题】直播间数据分析。

【实训目标】针对直播实践获取的数据，分析本次任务所学的直播间关键指标。

【实训场景】团队讨论，复盘分析"华丽女装"直播数据。

【实训内容】

1. 收集整理直播实践产生的数据，团队讨论分析关键指标。

2. 通过直播数据分析找出本次直播实践中存在的问题，并提出改进建议。

【实训操作】

（1）利用灰豚数据分析工具，收集、整理数据。

灰豚数据是一款将直播数据可视化的数据分析监测云平台，打开（huitun.com）网页，在搜索栏内输入达人名字或商品等，进入数据分析页面（附图5-86）。

分析直播概览中的内容及近期直播记录中的观看人次、人数峰值、总商品数、直播销量、直播销售额数据。单击要分析的直播场次，即可看到该场直播数据，如附图5-87～附图5-91所示，包括商品流量层级、各商品流量销售额、商品讲解时长、流量结构、消费者画像分析及留存分析等。

附图 5-86　灰豚数据主页图

单击"商品分析"标签，即可分析商品销售情况与受众喜爱情况，如附图5-92所示。

结合上述材料，对数据做好收集、整理工作，对该场直播进行复盘。

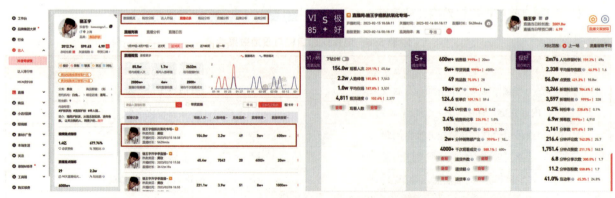

附图 5-87　达人数据图　　　　　　　　附图 5-88　商品流量层级

附图 5-89　各商品流量销售分析　　　　附图 5-90　消费者分析

附图 5-91　留存数据分析　　　　附图 5-92　商品分析

（2）通过复盘数据发现存在的主要问题，并提出改进建议，可利用表格形式完成（附表 5-7）。

附表 5-7　复盘数据发现存在的问题

大项	小项	问题思考点	存在的问题
直播间	人	1．主播形貌、穿搭、声音、节奏； 2．助播、中控语音、语调，配合节奏； 3．人群画像	
	货	1．有无爆款、福利款、主推款、利润款； 2．排品、定价、玩法； 3．库存深度、上新频率、周期	
	场	1．装修风格和谐统一吗？ 2．整场的吸引点是什么？	

任务六　抖音短视频

第一部分　知识准备

一、短视频分配逻辑

倒三角流量池推荐机制如附图 5-93 所示。

抖音短视频播放量根据视频的曝光次数给予播放量，其中影响播放量的有如下五个指标。

（1）完播率：同赛道中用户在视频中平均停留时长。每秒观看人数占比 - 第 ×% 秒留存用户占比。

不同种类视频赛道不同，在完播率的基础上还会进行秒留存的 PK，秒留存越高，被推荐的概率越大。

（2）点赞。

（3）评论。

（4）转发。

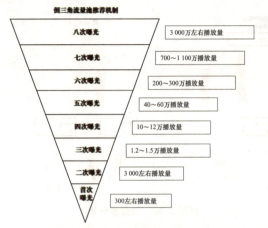

附图5-93 倒三角流量池推荐机制图

(5) 关注。

注:单指标击穿赛道指标也可以爆量。

二、标签分配

抖音短视频是根据账号类型去匹配喜欢这个类型的用户,然后展示在用户的面前。例如:性别、年龄、地域、毕业学校、喜欢看的视频类别、最近购买过哪类商品。

三、粉丝分配

关注账号的用户对于视频的观看概率为100%,观看到关注之前视频的概率也为100%。

四、短视频分类及主要指标

短视频分类及主要指标见附表5-8。

附表5-8 短视频分类及只要指标

主要指标	标签视频	挂车视频	引流视频
属性	无交易流量	交易流量	交易中流量
价值	账号价值	商品价值	直播间价值
目标	粉丝人群	交易人群	进入直播间
诉求	传播、涨粉	点击、购买	直播间流量

不同类型产生的效果也不同:标签视频,无交易流量,主要就是用来冷启动,让系统认识账号的种草视频,主要涨粉和体现账号价值;挂车视频,是在短视频中上架商品,有交易流量,体现的是商品的价值塑造,目的是商品的点击和购买;引流视频,交易中的流量,用户通过某条短视频进入直播间进行购买行为,体现的是直播间的价值。

第二部分 实训操作

【实训主题】短视频制作。

【实训目标】通过短视频相关知识学习,尝试制作短视频。

【实训场景】在导师的指导下进行"华丽女装"短视频拍摄和制作。

【实训内容】

1. 团队合作,以辅助"华丽女装"直播产品销售为目的,撰写30 s短视频脚本。
2. 用手机等设备拍摄并剪辑制作"华丽女装"至少1个30 s的短视频,发布到实训平台。

【实训操作】

(1) 撰写短视频脚本,时长30 s,脚本格式可参考附表5-9。

附表5-9 短视频脚本格式

景别	画面内容	解说词	字幕	音乐	音效	时长
全景	某居民楼		玩游戏的几个能有出息?你再这样,就别进这个家门!	真实的环境音	一中年女子带着怒气的责骂;摔东西的乒哩乓啷声;	5 s
全景	一中学生模样的少年跑着冲出居民楼楼道口		真实的环境音	"嘭"的一声很响的关门声		3 s
全景—中景—近景	少年从远处跑来,跑着跑着因体力不支放慢了脚步,眉头紧锁,眼角泛红,还有未擦干的眼泪	(正面拍摄,画面逐渐拉近)	我是不是该放弃了?	缓慢、悲伤的音乐	少年内心独白(画外音的形式)	10 s

续表

景别	画面内容	解说词	字幕	音乐	音效	时长
全景	画面切换到3年前，曾经的少年和几个好朋友在放学的回家路上偶然路过一家小店，里头的电视机正在播放一场电竞比赛，少年们被吸引驻足观看	少年人的回忆	2018年		真实的环境音	5 s

（2）短视频带货实训平台注册授权。

短视频带货实训平台以澄星空间App为例。

澄星空间App可实现如下功能：

1）职业培养服务平台。以产业需求出发，经过定向的培训、随堂测、课后作业、实操训练，为就业创业形成闭环。

2）营销创业孵化平台。从实践中总结内容，贴近市场需求，内容充盈（培训课程，分级任务，爆品分销），具备人才AI匹配系统，缩短就业链路。

具体实训步骤如下：

1）微信小程序搜索"澄星空间"或用微信扫描附图5-94所示二维码。

附图5-94 平台二维码

2）进入程序后，进行微信授权注册。

①进入程序，系统会跳出提示框进行微信授权注册，根据提示完成授权注册（附图5-95）。

②若未有提示框引导，请单击程序右下方"我的"按钮，并在"我的"界面上方单击"请先登录"，并根据提示完成微信授权注册（附图5-96）。

附图5-95 授权注册页面1　　　　　　　　　　附图5-96 授权注册页面2

③完成抖音授权。在"我的"界面，在上方找到 ，单击"立即授权"，进入授权页面，保存授权二维码至相册（附图5-97）。

打开抖音App，单击上方搜索图标，选择扫一扫，然后选择右下方的"相册"，进入相册后选择下载好的授权二维码，根据提示完成授权（附图5-98）。

授权完后，会在"我的"界面显示已授权，如附图5-99所示

3）申领"华丽女装"短视频制作任务，剪辑制作1个30 s的短视频，并上传到实训平台。

①在"任务"栏中，寻找匹配任务，单击任务进入，下滑后认真阅读"强制要求"，并单击"提交申请"，根据提示完成任务申领（附图5-100）。

注：在"强制要求"中有"添加指定话题"，可单击蓝色字体一键复制。

附图 5-97　授权二维码　　　　　　　　　　　　附图 5-98　授权注册页面 3

    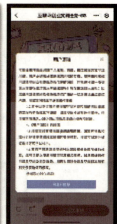

附图 5-99　授权完成页面　　　　　　　　　　　附图 5-100　任务申领页面

②用剪映等软件剪辑制作 1 个 30 s 的短视频。

按所写脚本，用手机等设备拍摄视频，拍摄时可分段拍摄，取景可就地取材。如附图 5-101 所示为在校学生在校园和教室手机拍摄的作品。

附图 5-101　视频示例图

手机剪映制作短视频操作如下：

a. 进入剪映 App，单击首页上面中间处的"开始创作"（附图 5-102）。

b. 选择已经拍好的视频素材并导入（附图 5-103）。

c. 选择下面的工具，添加音乐或文字等效果（附图 5-104）。

 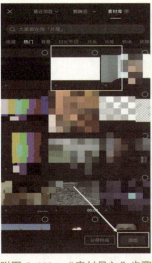  

附图 5-102　剪映主页图　　附图 5-103　"素材导入"步骤　　附图 5-104　"添加音乐文字"步骤

d. 单击"导出"按钮导出视频，保存到适当位置，之后可上传至实训平台（附图 5-105）。

③将制作好的"华丽女装"短视频上传到平台。

a. 打开抖音 App，将制作好的短视频根据任务要求进行内容发布（附图 5-106）。

b. 返回澄星空间，在"任务"栏中任务申领处或"我的"栏中单击"我的任务"，找到相应的任务，并单击"自动获取作品提交"，系统提示"提交成功"后即为完成任务（附图 5-107）。

c. 若系统提示显示"暂无符合要求作品"，请返回抖音查看作品，并对照任务要求中的"强制要求"进行修改，并再次发布，再返回"澄星空间"进行任务提交。

注：若多次提交仍无法提交成功，请在"我的"界面单击"联系我们"寻求解决。

附图 5-105　视频导出步骤

附图 5-106　发布页面　　　　　　　　　　　附图 5-107　发布成功页面

附录6　创业政策文件及要点摘录

宁波市创业培训管理暂行办法

宁波市人力资源和社会保障局关于印发《宁波市创业培训管理暂行办法》的通知

（甬人社发〔2021〕12号）

各区县（市）人力社保局，"四区一岛"管委会人力社保部门，各有关单位：

现将《宁波市创业培训管理暂行办法》印发给你们，请遵照执行。

宁波市人力资源和社会保障局
2021年4月22日

第一章　总　则

第一条　为贯彻落实《国务院关于进一步做好就业创业工作的意见》（国发〔2019〕28号）、人力资源社会保障部《关于实施职业技能提升行动创业培训"马兰花计划"的通知》（人力社保部函〔2020〕109号）和《浙江省人民政府办公厅关于进一步做好稳就业工作的实施意见》（浙政办发〔2020〕19号）等文件精神，加强创业培训，鼓励和促进劳动者自主创业，依据《宁波市人民政府办公厅关于进一步做好稳就业工作的实施意见》（甬政办发〔2020〕41号）等文件精神，结合我市创业培训工作实际，制定本办法。

第二条　创业培训是以"培训促创业，创业带就业"为目标，对有创业愿望和培训需求的人员开展有关创业知识和能力的培养，包括GYB培训、SYB培训、IYB培训、EYB培训、网络创业培训、创业（模拟）实训、创业者领导力提升、技能创业孵化能力提升、创业指导工作室建设和创业培训师资培养。

第三条　市人力社保局负责全市创业培训统筹规划与管理工作。市财政部门负责培训资金的预算和核拨工作，并对资金的使用进行监督和管理。

各地人力社保部门负责辖区内创业培训工作的日常管理与服务工作，并负责建立内部监控制度和风险防范机制。

第四条　创业培训群体范围。创业培训要面向有创业意愿和培训需求的城乡各类劳动者。重点对贫困家庭子女、贫困劳动力、城乡未继续升学初高中毕业生（以下简称"两后生"）、各类职业院校（含技工院校，下同）学生、高校学生、离校2年内未就业高校毕业生、农村转移就业劳动者、返乡入乡创业人员、乡村创业致富带头人、下岗失业人员、转岗职工、小微企业主、个体工商户、就业困难人员（含残疾人）、退役军人、即将刑满释放人员等开展创业培训。

第二章　培训类型及要求

第五条　GYB培训即"产生你的企业想法"创业培训，是创业意识初始阶段培训，是为具有创业愿望，但尚未有具体创业项目构思的潜在创业者提供识别商机、评估创业素质、能力和条件、激发创业意识、论证并获得切实可行的创业项目的培训。培训结束时，学员应完成《创业评估书》成果提交。培训课程不少于24课时。

第六条　SYB培训即"创办你的企业"创业培训，是为有一定创业能力和条件的创业者提供开办小微企业基础知识和能力、帮助制定创业计划，衡量打算创办的企业是否可行、指导成功创办企业的培训。培训结束时，学员应完成《创业计划书》成果提交。培训课程不少于56课时。

第七条 IYB培训即"改善你的企业"创业培训，是为初始创业6个月以上的创业者提供帮助建立基本的管理体系，进一步提高企业经营管理水平，改善企业并提高企业赢利能力的培训。培训结束时，学员应完成《行动计划书》成果提交。培训课程不少于56个课时。

第八条 EYB培训即"扩大你的企业"创业培训，是为希望在扩大企业方面获得战略性建议和战略规划范围的增长型企业家提供培训。以实用的方式将企业战略管理的系统理论融会贯通于企业增长战略的制定与实施过程中，使培训对象在培训课程结束时能根据自己企业的实际情况制定出一套切实可行的企业增长战略，并以此指导企业增长战略的实施，实现企业扩大的目标。培训结束时，学员应完成《增长计划书》成果提交。培训课程不少于48个课时。

第九条 网络创业培训是为创业者进行互联网渠道创业的专业化指导和系统化训练，从而帮助创业者建立互联网创业思维，了解网络创业原理和创业流程，熟悉网络创业主流平台、模式特点及基本操作方法，提高网络创业能力。培训结束时，学员应完成《店铺计划书》成果提交。培训课程不少于54个课时。

第十条 创业（模拟）实训是为有一定创业能力和条件的劳动者提供创业实践训练，是通过模拟创业过程、建立虚拟公司将创业知识与计算机技术、信息网络相结合，以提升创业者的社会能力、经营能力和市场应变能力。培训结束时，学员应完成《实训计划书》成果提交。培训课程不少于54个课时。

第十一条 创业者领导力提升、技能创业孵化能力提升、创业指导工作室建设和创业师资培养等创业培训项目，以研修班形式，通过课堂教学、现场教学、案例教学、运营演练等教学方式，提供高级创业团队管理商战模拟、团队领导力开发、高端资源交流、高层次交流、创业咨询指导、师资教学能力提升等高端培训服务。

第十二条 GYB、SYB、IYB培训方式采用互动式教学，讲师授课与平台训练相结合，辅以政策讲解、经验介绍、现场考察等形式。其中GYB线上课程不超过总学时50%；SYB、IYB线上课程不超过总学时30%。

EYB培训方式采用互动式教学，讲师授课和个人指导服务相结合。

网络创业培训、创业（模拟）实训培训方式依托宁波市网络创业培训平台系统，通过集中授课、操作实训和运营演练相结合的形式进行教学，其中线上课程不超过总课时50%。

第三章 实施机构

第十三条 创业培训实施机构是日常开展创业培训的实体机构，实行申报备案制。

第十四条 凡具备培训条件、愿意承担创业培训工作的职业培训机构、就业创业培训（实训）中心、各类职业院校、高校、技能创业孵化基地、众创空间等实体，均可申报备案成为创业培训机构。新增创业培训机构原则上先开展GYB和SYB培训项目。

创业培训机构应当具备以下基本条件：

（一）具有独立法人资格。

（二）具有满足创业培训教学要求的标准化教室、计算机及相应培训软件等设施设备。

（三）有2名及以上取得相应培训项目的专职创业讲师和3名及以上取得相应培训项目的兼职创业讲师。

（四）各项培训规章制度健全，创业培训相关技术标准规范（含课程内容、课时安排、创业计划书编制等）。

第十五条 创业培训机构由当地人力社保部门负责备案。符合条件的机构可向当地人力社保部门提出申请，提交《宁波市创业培训机构备案表》（附件1）并录入全市统一指定平台，经备案后开展创业培训。

第十六条 创业培训机构的主要职责：

（一）项目推介，通过各类媒介、新媒体平台及线下活动，宣传就业创业政策，推介课程服务产品；

（二）品牌宣传，通过张贴宣传画、发放宣传册及宣传品等形式，宣传项目品牌；

（三）计划制定，根据计划合理做好课程推介、报名通知、学员组织、师资协调、资金安排等；

（四）学员选择，组织讲师根据学员创业情况及培训意愿，按照条件要求和标准流程，帮助学员选择适合的课程；

（五）培训需求分析，应对学员信息进行分析和简短面试，了解其知识能力水平、培训意愿及特殊需求；

（六）培训组织，应严格按照各课程技术要点做好开班筹备、跟班服务、结业组织、台账登记、信息提交、创业成果提交等工作；

（七）后续服务，应组织讲师对学员创业或企业经营情况进行定期跟踪回访和后续指导；

（八）监督评估，应运用监督评估工具，收集全过程数据，分析培训活动信息。

第十七条　宁波市高技能人才公共实训基地（创业类）和宁波市技能创业孵化平台负责全市创业培训规划及年度计划编制，牵头开展各类创业培训课程建设，提供创业培训技术管理平台开发和保障服务，开发推广各类创业培训（实训）项目，配合做好创业培训质量管理等工作；承担全市高校及职业院校学生创业培训（网络创业）工作；承担全市创业者领导力提升、技能创业孵化提升、创业指导建设和创业师资培养等示范性培训项目；承担全市技能创业孵化基地的业务指导和日常服务工作。

第四章　师资管理

第十八条　创业讲师是指参加创业讲师培训取得市人力社保局核发、人力社保部统一监制《创业培训讲师培训证书》（附件2）的人员，主要承担学员培训授课任务及其他创业培训工作。

第十九条　创业培训讲师实行执证聘任制度，由市人力社保局建立创业师资库，各创业培训实施机构按规定条件聘用任课教师。

第二十条　有丰富经验的创业培训师资、创业指导（咨询）师、企业家、投资人等将优先纳入创业师资库。鼓励优秀创业培训师资建立创业指导工作室，重点负责创业培训的后续指导服务，使创业培训与创业服务有效衔接，提高创业成功率。

第二十一条　各级人力社保部门应每年安排专项资金，制定长期师资培养计划，定期组织各类创业师资培训，并通过提高培训、研讨交流、教学观摩、创业讲师业务竞赛和质量考核等活动，提升创业培训师资培训指导能力。

第五章　培训管理

第二十二条　创业培训按《宁波市职业技能培训条例》规定实行办班申报制度。创业培训实施机构应于开班前3个工作日内通过全市统一经办系统向当地人力社保部门进行开班申报。

第二十三条　创业培训实施机构应按照创业培训教学方案和课程计划要求，探索"互联网＋创业培训"，组织实施线上学习与线下培训相融合的培训模式。依托《创业培训标准（试行）》（中就培发〔2018〕2号），线上教学培训需在宁波市技能人才继续教育网等线上教学平台完成统一课时，使用统一的创业培训教材，严格按规定课时培训。所有创业培训课程均需包含创业实训环节，在全市指定平台进行成果提交。提升实际操作能力，提高创业成果成功率和转化率。

第二十四条　创业培训机构要对学员创业或企业经营情况进行定期跟踪回访和后续指导，并针对创业担保贷款、创业孵化等各类创业资源提供服务，服务过程要记录在案，留存入档。

第二十五条　创业培训机构要建立健全档案管理制度，建立培训台账，记录学员的基本情况、参加培训信息以及后续服务等信息。每期培训班的台账保存期限不少于3年。

第二十六条　各级人力社保部门要依托《创业培训标准（试行）》，完善创业培训质量监控和效果评估体系。利用大数据、区块链等技术，完善创业培训管理工作，加强创业培训信息化平台建设，做好创业培训日常管理、过程监督、培训考核、证书管理、效果评估、资金管理等一体化动态管理服务，实现培训机构全覆盖、培训人员全实名、培训资金全记录、培训过程可追溯、培训质量可监控。

第二十七条　创业培训机构应严格按照创业培训要求组织创业培训，对擅自将培训任务委托、转包给其他单位和个人的，以及弄虚作假骗取创业培训补助资金的，取消培训资质，并依法追究责任。

第六章 培训考核督导

第二十八条 建立创业培训考核督导员制度。由市人社局负责对全市创业培训考核督导员进行培训和发证,开展创业培训考核过程由督导员进行监督。

第二十九条 创业培训结束后,培训学员在全市统一指定平台进行创业成果提交。

第三十条 创业成果提交后,余姚、慈溪、宁海、象山人力社保部门负责对培训学员进行考核发证。非上述地区人力社保部门负责对辖区内培训学员组织考核,报市人社局审批发证。采用单科综合性无纸化考试,成绩达60分者为合格,考试合格学员颁发《创业培训合格证书》。

第三十一条 《创业培训合格证书》(样本见附件3)由人力社保部统一监制、各级人力社保部门核发。相关编码及信息要求如下:

(一)证书编码。第1～2位为本省行政区划代码,第3～6位为市(区县)行政代码,第7～14位为顺序号。

(二)证书信息。证书信息包含:考生姓名、培训时间、创业项目全称、身份证号码、证书编号、培训机构、证书签发日期,并加盖相应人力社保部门证书专用章。

第七章 培训补贴

第三十二条 符合我市创业培训补贴条件的对象,按有关规定申报创业培训补贴。

第三十三条 补贴对象、方式、项目及标准。补贴对象及方式按宁波市职业技能培训补贴实施细则文件执行;补贴项目及标准按市人力社保局根据市场需求、人才紧缺程度和培训成本,并会同市财政部门确定创业项目及培训补贴标准,发布年度补贴目录和补贴标准。

第八章 附则

第三十四条 本办法自发布之日起执行。本办法有效期五年,至2025年12月31日,有效期内如与国家和上级有关部门政策调整相抵触,按国家和上级政策规定执行。

附件:1. 宁波市创业培训机构备案表(略)
      2. 讲师培训证书参考样式(略)
      3. 学员培训证书参考样式(略)

附录7　大学生职称评定政策文件及要点摘录

1. 文件名称：关于做好 2018 年宁波市职称初定工作的通知（甬人社办发〔2018〕22 号）

要点摘录：

（1）对象范围。

全日制毕业生和成人教育毕业生，在我市工作（不含部省属在甬单位），并在所学专业或相近专业技术岗位上工作满一定年限，经考核合格，可申请初定相应职称。

（2）条件要求。

1）中等专业学校毕业后，从事专业工作满 1 年的人员，可初定员级职称。

2）大学专科毕业后，从事专业工作满 1 年的人员，可初定员级职称。

3）大学专科毕业后，从事专业工作满 3 年的人员，可初定助理级职称。

4）大学本科毕业后，从事专业工作满 1 年的人员，可初定助理级职称。

5）取得第二学士学位或研究生班毕业人员，具有研究生学历或硕士学位者，可初定助理级职称。

6）具有研究生学历或硕士学位者，从事专业工作满 3 年（学历或学位取得前后从事本专业或相近专业的工作年限可以相加，但学历或学位取得后从事专业工作须满 1 年），可初定中级职称。

7）博士学位获得者，可初定中级职称。

申报网站：浙江省专业技术职务任职资格申报与评审管理服务平台（zcps.rlsbt.zj.gov.cn）

2. 文件名称：关于印发《宁波市专业技术人员继续教育学时管理办法（试行）》的通知（甬人社发〔2017〕45 号）

要点摘录：

第十一条　市人力社保部门建立"宁波市专业技术人员继续教育网"（http://nbzj.chinahrt.com/index.html），为一般公需科目提供在线学习。

第十四条　专业技术人员参加继续教育学习每年度累计不得少于 90 学时，其中专业科目不少于 60 学时，公需科目不少于 18 学时（其中一般公需科目不少于 12 学时）。

第十七条　市人力社保部门建立"宁波市专业技术人员继续教育学时登记管理系统"（http://xsgl.rcpx.net/），为全市继续教育提供学时登记平台。宁波市继续教育院负责市登记系统的日常管理。

第二十二条　继续教育学时要求是专业技术职称任职资格申报的必备条件。专业技术人员符合继续教育学时要求的年份达到职称申报规定年限，且申报当年及最近一年连续两年（当年申报时间在上半年的，连续两年时间可调整为最近两年）均符合继续教育学时要求的，才能申报职称任职资格；未达到要求的，职称任职资格申报时间作相应延长。

附录8 中华人民共和国职业分类大典

以习近平新时代中国特色社会主义思想为指导，深入贯彻落实习近平总书记对就业创业、人才、职业教育等工作的重要指示精神，主动适应新形势，积极开拓新思路，遵循客观性、科学性、创新性原则，坚持统一性和灵活性相结合，在保持职业分类原则、原大类结构基本不变的基础上，对中类、小类、细类（职业）等进行适当调整，优化更新描述信息，力求做到与时俱进，全面、准确、客观地反映现阶段我国经济社会和科技发展带来的社会职业的发展变化，使《大典》成为反映经济社会发展状况的"晴雨表"，成为引领产业转型升级发展的"风向标"，成为规范人力资源开发管理的"标准尺"。

由人力资源社会保障部会同国家市场监督管理总局、国家统计局牵头成立中央和国家机关有关部门、行业组织、企事业单位组成的国家职业分类大典修订机构。2021年4月启动《中华人民共和国职业分类大典》（以下简称《大典》）第二次修订工作，修订完成2022年版《大典》。2022年《大典》包括大类8个、中类79个、小类450个、细类（职业）1 636个。2022年版《大典》是我国职业分类的专业性文献，在我国经济社会发展领域特别是人力资源开发领域具有重要的作用。

内容简介

《中华人民共和国职业分类大典》运用科学的职业分类理论和方法，参照国际标准，借鉴国际先进经验，充分考虑我国社会转型期社会分工的特点，按照以"工作性质相似性为主、技能水平相似性为辅"的分类原则，将我国职业分类体系调整为：

8个大类

79个中类

450个小类

1 639个职业

134个绿色职业

97个数字职业

23个既是绿色职业又是数字职业

结构大纲

第一大类　党的机关、国家机关、群众团体和社会组织、企事业单位负责人

1-01　中国共产党机关和基层组织负责人

1-02　国家机关负责人

1-03　民主党派和工商联负责人

1-04　人民团体和群众团体、社会组织及其他成员组织负责人

1-05　基层群众自治组织负责人

1-06　企事业单位负责人

第二大类　专业技术人员

2-01　科学研究人员

2-02　工程技术人员
2-03　农业技术人员
2-04　飞机和船舶技术人员
2-05　卫生专业技术人员
2-06　经济与金融专业人员
2-07　监察、法律、社会和宗教专业人员
2-08　教学人员
2-09　文学、艺术、体育专业人员
2-10　新闻出版、文化专业人员
2-99　其他专业技术人员

第三大类　办事人员和有关人员

3-01　行政办事及辅助人员
3-02　安全和消防及辅助人员
3-99　其他办事人员和有关人员

第四大类　社会生产服务和生活服务人员

4-01　批发与零售服务人员
4-02　交通运输、仓储和邮政业服务人员
4-03　住宿和餐饮服务人员
4-04　信息传输、软件和信息技术服务人员
4-05　金融服务人员
4-06　房地产服务人员
4-07　租赁和商务服务人员
4-08　技术辅助服务人员
4-09　水利、环境和公共设施管理服务人员
4-10　居民服务人员
4-11　电力、燃气及水供应服务人员
4-12　修理及制作服务人员
4-13　文化和教育服务人员
4-14　健康、体育和休闲服务人员
4-99　其他社会生产服务和生活服务人员

第五大类　农、林、牧、渔业生产及辅助人员

5-01　农业生产人员
5-02　林业生产人员
5-03　畜牧业生产人员
5-04　渔业生产人员
5-05　农、林、牧、渔业生产辅助人员
5-99　其他农、林、牧、渔业生产辅助人员

第六大类　生产制造及有关人员

6-01　农副产品加工人员
6-02　食品、饮料生产加工人员
6-03　烟草及其制品加工人员
6-04　纺织、针织、印染人员

6-05 纺织品、服装和皮革、毛皮制品加工制作人员
6-06 木材加工、家具与木制品制作人员
6-07 纸及纸制品生产加工人员
6-08 印刷和记录媒介复制人员
6-09 文教、工美、体育和娱乐用品制作人员
6-10 石油加工炼焦、煤化工生产人员
6-11 化学原料和化学制品制造人员
6-12 医药制造人员
6-13 化学纤维制造人员
6-14 橡胶和塑料制品制造人员
6-15 非金属矿物制品制造人员
6-16 采矿人员
6-17 金属冶炼和压延加工人员
6-18 机械制造基础加工人员
6-19 金属制品制造人员
6-20 通用设备制造人员
6-21 专用设备制造人员
6-22 汽车制造人员
6-23 铁路、船舶、航空设备制造人员
6-24 电气机械和器材制造人员
6-25 计算机、通信和其他电子设备制造人员
6-26 仪器仪表制造人员
6-27 再生资源综合利用人员
6-28 电力、热力、气体、水生产和输配人员
6-29 建筑施工人员
6-30 运输设备和通用工程机械操作人员及有关人员
6-31 生产辅助人员
6-99 其他生产制造及有关人员

第七大类　军队人员

7-01 军官（警官）
7-02 军士（警士）
7-03 义务兵
7-04 文职人员

第八大类　不便分类的其他从业人员

8-00 不便分类的其他从业人员

参考文献

—— References

[1] [瑞士] 亚历山大·奥斯特瓦德，[比利时] 伊夫·皮尼厄，[瑞士] 格雷格·贝尔纳达，等. 价值主张设计：如何构建商业模式最重要的环节 [M]. 余锋，曾建新，李芳芳，译. 北京：机械工业出版社，2015.

[2] [英] 蒂英西·克拉克，[瑞士] 亚历山大·奥斯特瓦德，[比利时] 伊夫·皮尼厄. 商业模式新生代（个人篇）：一张画布重塑你的职业生涯 [M]. 毕崇毅，译. 北京：机械工业出版社，2012.

[3] 人力资源和社会保障部职业能力建设司. 创办你的企业：创业计划书（大学生版）[M]. 北京：中国劳动社会保障出版社，2010.

[4] 人力资源和社会保障部职业能力建设司，中国就业培训技术指导中心. 产生你的企业想法 [M]. 2版. 北京：中国劳动社会保障出版社，2017.

[5] 人力资源和社会保障部职业能力建设司，中国就业培训技术指导中心. 创办你的企业：创业计划培训册 [M]. 2版. 北京：中国劳动社会保障出版社，2017.

[6] 人力资源和社会保障部职业能力建设司，中国就业培训技术指导中心. 创业培训讲师手册GYB/SYB [M]. 北京：中国劳动社会保障出版社，2014.

[7] 人力资源社会保障部教材办公室. 创业指导 [M]. 2版. 北京：中国劳动社会保障出版社，2018.

[8] 中国就业培训技术指导中心，中国就业促进会创业专业委员会. 创业实训（导师版）[M]. 北京：中国劳动社会保障出版社，2015.

[9] 人力资源社会保障部能力建设司，中国就业培训技术指导中心. 求职能力实训手册 [M]. 北京：中国劳动社会保障出版社，2022.

[10] 朱成. 那些年一直错用的SWOT分析 [M]. 新北：创见文化，2015.

特别鸣谢
—— Special Thanks